劉宗聖、黃漢昌 

基金開始革命，您的理財計劃也要革命了！做您自己基金的主人吧！

基金革命

目錄 CONTENTS

第五章

結　論

參考資料

基金大家都知道，為何會冠上破壞式創新的名詞?基金革命並非是本身的質變跟量變，而是隨著數位金融的發展，基金本身的定位及發展也出現了重大的變化，投資基金不再只是賺取報酬，也不僅有資產配置可以一言以蔽之，共同基金能夠帶給資產的影響隨著數位金融的發展，將給投資人前所未有的體驗，現在就開始來領會共同基金可以帶給您的衝擊…。

元大投信總經理 **劉宗聖**

FinTech的啟發與資產管理的變革

隨著行動網路及網路社群的發展，行動理財已成為資產管理的顯學，我們談的不只是網路買基金而已，電商的發展最講究的應用場景，搬到投資理財領域，就是各項投資理財業務的改革，從身分認證、各項作業、交易、資產管理及理財產品，都已經出現了質變跟量變，這一波金融科技的改革不只是快速更便利，更加強調使用者體驗、更加透明與直覺，投資理財可以不需要專業知識，也能打造出專家級的資產配置，投資人不需要去預測金融情勢可能的變化，而是在資產組合中已做好了風險控管、自動化的調整資產內容，投資人只要選擇符合自己需求的方式或產品即可，生活留給自己，艱深的金融理論留給專家及系統。

本書提到了許多投資理財的新觀念，投資基金也不再是比較報酬率，主動式基金要經得起市場波動考驗，被動化的指數投資也需要再加入應用及市場接受度，一個新產品的誕生已經不是基金發行公司努力推銷的責任，應該要結合各產業的資源及客群對新產品的認同及實用性的考量，基金產品不再是獨立於銀行帳戶或證券帳戶的產品，反而成為串聯各帳戶的重要工具，當然對投資人而言是有利的、簡單易懂的才是產品發展的基礎。

黑天鵝變利多，市場變化不是人可以理解的

2016年對金融市場來說是很有趣且值得紀錄的一年，許多的黑天鵝與跌破眼鏡的重大事件，但全球主要的股市卻是依然堅挺，我們從英國脫歐與川普當選美國總統來說，事前所有的評論家都一致看壞市場，但事後都證明這些所謂的專家都錯了，投資人在這些重大事件上大多產生虧損，計畫總是趕不上變化，所以我提出了3C投資策略的想法，要提醒投資人何必去追逐或在意事件的變化，重要的是自己的資產是否已經準備好所有可能的突發事件資產，所謂的3C投資策略就是資本保護(Capital Protection)、匯率避險(Currency Hedge) 跟現金增益(Cash Enhancement)，並不是只有基金管理，而是以投資人所有資產規劃為核心思想，從資產管理公司的角度來衡量，透過基金如何幫助投資人管理所有資產，並提出最適當、最平衡風險的解決方案，範圍不僅僅是股票、債券，還包含了貨幣、匯率、利率、商品、期貨…等多緯度的解決方案，而這麼多資產類別如何運用共同基金的特性，幫助投資人能保護資產、能避開匯率波動甚至對於現金資產能進行增益，與投資人是長期資產構建的關係，又要保有資金運用的流動性，最重要的是避開可能發生的市場風險。

行動理財改變投資行為、複雜的事簡單做

現在每個人手中手機不離身，對資訊的吸收時間卻越來越短，由於資訊越來越多，代表每一則訊息閱讀時間就越短、決策時間也會越短，我們購物買東西已經很少在看產品說明書了，但我們會看網路上的使用心得、評價如何，換過這麼多支手機現在有哪一隻手機提供操作說明書?其實投資理財也是如此，投資人對於產品、服務平台、作業機制…都需要簡單、快速、低成本的服務，我們以前常會被告知”這樣做不行”，但是現在的年輕人反而會問”為什麼不可以”，這些千禧世代的行動網路族群逐漸吹響了金融產業改革的號角，但這些使用習慣上的改變也是要跟大家說清楚講明白，所以我們編輯了”基金革命”這本書，現階段的改變也只是個開始，未來會有更多更創新的投資理財解決方案陸續出現，或許不是由傳統金融業來領導，或許是由科技業用網路來實現，兩者結合一個控制風險、一個帶來便利，我認為這應該是最佳的組合。

元大投信客戶服務部協理 **黃漢昌**

電子商務興起 更完善的金融科技環境

還記得去年才出版「做自己基金的主人」一書，書裡面提到了許多共同基金的投資策略，而今年編輯這本「基金革命」內容差異性頗大，2016年可以說是Fin Tech元年，從主管機關、金融產業、科技產業…每天看媒體都會看到相關的訊息，但有趣的是，我們也可以看到股市成交量低迷、銀行利率創新低、債市或配息產品當道…等，短期快速流動的資金逐漸脫離市場，當資金大量流向長期性質的產品，那我們現階段要發展快速方便的金融科技嗎?有人用嗎?是符合時代潮流跟需求嗎?其實這個問題金融業者也在尋求解答，但是我們知道現在已經沒有人想要找麻煩：冗長的作業很麻煩、臨櫃很麻煩、看報告很麻煩…等，這些代表行動網路時代的客群越來越多，影響範圍也越來越廣。

從基金公司的角度來看這個變化其實是很有趣的，有人覺得透過智能科技可以把績效好的基金快速篩選出來，反而會增加基金的銷售量，但是我們卻看到，美國股票基金沒人買、台股基金沒人買，這是很弔詭的現象，績效不是不錯嗎?為何投資人還是把資金往固定收益的市場流動?利率越低越是要買債?股市越漲反向的產品越賣…其實這樣的現象並不會很奇怪，只是有沒有認真地去探討投資人要的是什麼?現在的社會環境、景氣環境造成投資人對資產管理營造出來的氛圍究竟是什麼?這才是資產管理產品要去改變的重要基礎。

本書中介紹了劉宗聖總經理提倡的3C投資策略、退休管理的想法以及當前現金管理重要的資產管理觀念，透過此書要表達現在投資人對於資產保全的想法，投資理財絕對不是要一夜致富，天底下也沒有快速致富的公式，既然確定要透過理財來對資產增益，就一定要先求不傷身；另外，以往投資人不會理會的貨幣市場基金，其實應該要被投資人廣大的利用，透過金融科技可以做到像現金一樣的流動性，又可以與銀行帳戶或證券帳戶快速的連結，所以像「貨幣市場基金」這類的產品就變成了一個有用的工具，用科技平台來實現，這就是大家常聽到的應用場景。

在國內金融業的電子商務業務發展超過20年，有許多人覺得過去10年以來中國大陸的電商發展已經遠遠超過台灣許多，但我個人認為對岸的市場或許很大造就了電商業務的快速發展，但是在台灣地小人稠資金多，對岸的電商發展是可以作為台灣學習的對象，但是台灣也未必就真的落後，我相信在台灣的個人資料、資產保全、風險控管、作業流程上都是比較嚴謹的，今年發生了ATM系統被國外盜罪集團盜領數千萬的事件，但被盜領的資金幾乎全數追回，並且也逮捕了相關的犯罪者，其實這説明了資訊系統是可以被攻破的，但是完整、嚴密的金流管道產生了攔截作用，舉這個實例並不是要説不要發展金融科技，反而可以在目前國內已有的風險控管基礎下去發展，畢竟台灣是要跟國際競爭不只是只跟中國大陸競爭，不是嗎?

前言

存錢沒有錯
是年代錯了

愛因斯坦曾說過複利比原子彈可怕，因為時間效果加上利上加利，小資金也可成就大財富，這是大家耳熟能詳的道理，但是愛因斯坦畢竟不是經濟學家，過去的經濟學家也沒有碰過「負利率」的時代，尤其身在台灣的定存族更無法想像銀行倒閉存款會歸零的情形，我問過超過上百位的投資人同樣的問題，”錢為什麼要放在銀行?”，每一位被我問到的投資人，一開始全都愣住，我想他們心理面的OS應該都是，不放在銀行要放在哪裡?但最後都還是會給我相同的答案，放在銀行是安全的、銀行「定存」至少有利息，是的，這些答案都是對的，但也反映出一般人在過去年代的框架下深耕蒂固的觀念。

現在的年代是什麼樣的年代?我們大膽的說，未來會是數位化(Digital)的年代，我們做的事也跟數位(Digital)脫不了關係，尤其是你的資產更可以快速的數位化，因為資產多寡本來就是數字，你可能不相信白花花的新台幣、鈔票、銅板怎麼會是數位化?其實這都在發生只是你還沒認知過來，新台幣在彭博資訊上的代碼不就是TWD嗎?如果有一天有位駭客偷偷把全世界電腦的TWD刪除，則你所謂白花花的新台幣、鈔票、銅板全部都沒有價值，當然這種說法有點誇張，但卻也絕非不可能的事，所以為何有人把自己的資產轉換成比特幣(BI-COIN)，這裡面要探討的因素很多，我們後面再慢慢地說明，重點回到為何在這年代存錢是錯的?我並不是要試著告訴你不要存錢，只是要提醒你是不是搞錯幾件事情

第一個，對象是不是搞錯了，錢是不是存錯地方了?有沒有更好的地方?

第二個，目的搞錯了，你存錢的目的只是安全?真的有安全嗎?

第三個，需求搞錯了，你為何要這樣存錢?用現金存?股票存?保險存?...

第四個，行為搞錯了，你投資決策真的是正確的嗎?

最後一個，產品錯了，你可以透過那些更低成本的方式或工具來存錢?

在民國60~70年代，當時的台灣定存利率高達12%，如果當時剛出社會20歲的年輕人把10萬放到銀行定存一放就是40年到60歲退休，您知道會發生什麼事?到期時可以拿回11,864,773！一千一百多萬耶，如果以現在的利率水準1.2%，一樣的10萬元，要持續放384年才能到一千萬，就

是你的曾曾曾曾...孫才用的到這筆退休的錢，這已經不是早點做就可以享受果實的問題，而是你若做錯了你這輩子可能就…撿角了！

聰明有國際觀的你可能已經想到，既然台灣的定存利率這麼低，你一定想到巴西、印尼、甚至非洲那些新興國家利率還有10%以上的，把資金轉過去現在做還來的及，是的！從利率的角度來看是如此，但是台灣不是率先低率的國家，你看到、想到的其實成熟國家(日本、歐美…)早就在做，而且也不是這麼好做，有肥肉早就被吃光了…

我們熟知的銀行

從小父母會將小孩的壓歲錢開立郵局、銀行的帳戶存起來，到開始上班也自然的開立薪資匯款帳戶，我們會去銀行辦理信用卡，我們透過銀行轉帳、扣款…等，把資金存放貸、金流的大小事務，都透過銀行這個服務機構來處理，以前的銀行也是高高在上的，就算是把錢存進去銀行，面對的也是「嚴肅專業」服務機構，櫃台到胸口這麼高(現在還是有許多農漁會、國銀行庫仍是如此)，營業廳內不會有人大聲喧嘩，可能是因為裡面有很多錢所以大家特別謹慎小心，一個算錯、給錯可是件大事情，大約2000年之後，民銀銀行如雨後春筍的開立，銀行的樣貌開始改變，有舒適的座椅，整齊清潔明亮的大廳、甜美親切的服務小姐，銀行打出都是一家人或好鄰居的形象，我們更樂意把流血流汗得來的辛苦錢往銀行裡送，從銀行借錢也不再是這麼的困難，在市區重點地區分行數可能僅次於便利商店數，銀行成為我們的生活中不可或缺的”商店”，不僅如此，我們每天都會接到幾通來自銀行的”關懷電話”，「有沒有資金需求阿?」、「你是我們的貴賓客戶喔！」、「我們可以給你超低利率的貸款喔」…等，其實想想也真的不錯，曾幾何時自己成為了貴賓客戶、曾幾何時有人拼命的要把錢送自己花，天天有人關心保險買了沒、水電費也可以請銀行幫你繳、沒錢時用一張塑膠卡就可以用機器吐現金花，甚至就算帳戶裡沒錢也可以用信用卡拿錢(預借現金存在高的要命的借款利率，投資人審慎使用！)…。

因為金流存在所以銀行也會存在?

前面一大段描述我們日常生活與銀行的關係，說穿了只要你想跟錢有關係，您就必須要先跟銀行做朋友，到目前為止都是如此，我們不能否認沒有銀行我們活不下去，因為自古自今，我們都是群居的團體所以註定會有「金流」的發生，上班前要給小孩吃飯錢，搭乘交通工具需要錢、買早餐需要錢、吃中餐需要錢、回家需要錢、朋友擋個銀需要錢，付錢的人口袋不可能深不可測，沒錢了還是要去銀行領，收錢的店家或個人不可能都把錢放在口袋，滿出來還是要把錢存在銀行，所以到目前為止銀行絕對有存在的必要，但是不是全都要銀行才能做?這個觀念從電子支付產業開始發展時，就應該逐漸的改變，並不是電子支付要取代銀行的角色，而是電子支付發展的理念就是以「金流」的基礎而來，尤其是小額的支付，用最簡單的方式來說明金流就是你、我、他，我的錢透過它(銀行)給了你，銀行會有嚴謹結算機制，確保金流的安全以及紀錄，保障交易雙方的財產安全，隨著科技的進度這些動作(Banking)都是用數字、系統儲存下來，想當然而我的錢也可透過它(電子支付機構)給了你，至於為何要給?可能是購物，可能是借貸，這個議題現在先不討論，重點是怎麼給也跟傳統銀行的做法大不相同，可能是我的手機碰了你的手機，或者我用line(社群軟體)傳訊息、圖片給你…等多種符合「行動數位」符合使用者「體驗」的方法給你，反正就是不用跑去營業櫃檯或是ATM指定地點才能夠做的動作，試想若些簡單的金流動作我們不需要銀行櫃檯或ATM，未來這些營運成本昂貴的營業據點將逐漸消失，但是銀行還不會消失，我們需要的銀行服務都可以透過網路及任何行動工具(如手機、平板、電腦)完成，這就是現在夯到不行的互聯網金融或金融互聯網。

快速便利、需求、體驗改變行為、改變傳統

另外，前面提到的是金流方法的改變，更重要的是提供金流服務機構的改變，我們來拆解金流時需要考量的三個重點，貨幣、支付(收款)、帳戶是必要的基本要素

貨幣：用什麼單位來支付(收款)，當然在台灣多是用台幣或其他外幣

支付(收款)：自己付現金或請金融機構代為轉付(收)

帳戶：轉(匯)出需要帳戶或身分證明，轉入需要帳號或身分收款

在此，貨幣我們在後面章節再來討論，支付(收款)我們前面也提到，最慢的方式就是去銀行匯款，所以我們現

在使用網路、手機或電腦來執行動作，要點是由我的帳號轉到你的帳號，而這個帳號已經可以不再是”銀行帳號”，而變成了”數位帳號”，我們到電子支付機構開立一個數位帳號，帳號名稱可以已是你”慣用”名稱(不管是叫阿貓、阿狗總比你記不住、又臭又長的銀行帳號要來的好)，這個帳號你到銀行是查不到的(但不代表你的錢就是不安全)，所以，若我們連帳號都不需要用到銀行帳號，付款也用不到銀行，漸漸的因為”方便”，也理所當然的把銀行的錢移到數位帳號裡，講到這裡你開始認為銀行或許真的有一天會消失，當然有人會說不可能啦，我的薪水都是公司直接撥款到銀行帳戶…那有一天會不會開放直接撥款到數位帳戶呢?其實這些事情在對岸早就在發生，甚至在北歐某些國家電子支付已經高達9成，非洲的肯亞一般人擁有電子支付帳戶人口甚至已經超越擁有銀行帳戶的人口！

這個時代的錢需要「被管理」而不是「被保管」

前面的陳述應該已經有動搖你對銀行的看法，如果還沒有也不用太鐵齒，再繼續看下去…

我們把錢存到銀行大多數因素是”保管”，不管是資

金的保管或交易資料、過程的保管，我們都需要銀行來協助我們，以前的資料儲存沒有現在這麼方便，需要大量的人工來記帳，錢也需要靠人來搬運，現在輕鬆了，櫃台專員敲一敲鍵盤，資金就從這個帳戶轉到其他帳戶，從台幣變成了美金，錢就可以是無遠佛屆的，靠的也就是數位科技，而跟我們面對面的行員或者是網站，都需要大量後台人員來開發、維護，這些都是非常大的成本，所以我們在做這些動作時銀行會收取”手續費”微薄的費用，這是合情合理的，也就是有這些動作銀行若收取資金的”保管費”當然也無可厚非，當年外商銀行初來台灣開設分點時，出現了”帳戶保管費”這個名詞，相信許多人都無法接受，明明是銀行會給我利息，怎麼錢放到外商銀行還會收保管費?所以當下若非是高資產或外幣資產需求的人，對於外商銀行提供的服務都較為陌生。回到利息上面，另一個把錢放到銀行保管的動機可能是”有利息”，而利息是怎麼來的?利率高低是誰制定的?這裡面有很大的學問，這與我們的主題不符我們不深入探討，簡單來說利率可以分為兩種，一個是「官定利率」是指由政府金融管理部門或者中央銀行確定的利率，我們常聽到央行降息X碼或升息X碼，就是這個。而「公定利率」是由金融機構協商後的利率，利率標準也通常介於官定利率和市場利率之間，也就是我們常看到”依據台灣銀行定存利率”。「市場利率」是指根據市場資金緊張程度所確定的利率，所以在成熟國家，貨幣的發行量及流通量比較穩定，利率的波動就會比較穩定，利率也會比較低，而新興國家可能因為快速的發展或資金需求不穩定出現資金短缺的情形，所以利率波動會比較大比較高，更白話來說，如果你錢很多沒地方去，有人跟你借錢時可能你要求的利率就很低，若你自己資金都不夠用，要跟你借錢的人就需要付出比較高的代價，談到這裡，您認為現在(2016年)國內的利率應該是低還是高?

有些人認為應該很高，但有些人卻認為應該低，因為我們現在是標準的M型化社會：有錢的人很有錢、缺錢的人很缺錢；月不敷出的人可能正在承受高利率的卡債、信貸，錢很多的人，一看到高於市場利率的固收產品就提錢湧入大肆購買，中產階級在薪資不漲之下，只能死命的存以防老時缺錢，另外也被高波動的產品虧怕了更看不上低率的固收產品，只能死守僅有的資產，所以這是個奇妙的年代。一般人不想要有負債，也沒有錢借給別人，更可怕的是許多中產階級的錢都卡在長達20~30年的房貸，繳了房貸沒有多餘的錢消費也沒有多餘的收入提前償還本金，中產階級資金池成為一攤死水，高資產資金一直外逃，低收入有一餐沒一餐的過日子，所以沒錢的當然不需要保管，有錢的更不只是需要保管，這就是很難想像為何新聞媒體一直說台灣錢很多，卻都不是在我的口袋。不管你是屬於哪一個族群，你的錢絕對不是需要保管而是善用跟管理，透過管理可以達到什麼好處?不就是多一點利息、少一點成本、最低的稅負，必要的避險及更便利流通性，專業點來說也是本書的主題，透過有效的管理達到三個主要目的，資本保護(Capital Protection)、匯率避險(Currency Hedge) 跟現金增益(Cash Enhancement)，後面的章節我們會有更深入的說明。

資產管理是資產的基本需求

資產管理這個名詞大家都耳熟能詳了，「做自己基金的主人」一書中已經談的很詳細，不管從風險、貨幣、資產類別、長短天期的配置角度都有詳細的說明，在這裡就不再重複，若我們就從個人資產管理的目的來看，或許您會更有感覺，資產管理（Asset management），也有人說是投資管理（Investment management），管理的目的當然是讓資產”增長”更有效率，就算沒有增長也能儘量的避開”風險”，讓資產不要減損或減損的比市場預期要小，或者再明確瞭解需求下找出最符合效率前緣的配置模式，舉例來說，外貿公司已經收取三個月後才入帳的美金貨款，若預期未來美元走貶，為避免跌價損失，外貿公司可能會進行放空三個月的美元期貨以進行套利，避免公司匯率損失，又或許航空公司預測未來三個月原油價格會上漲，先行買進原油期貨將上漲增加的成本透過投資補回來，所以資產管理並不一定是投資行為，有可能是為了避險而進行；所以若您目前手上持有的基金70%都是美金計價的境外基金，您就要考量到您的資產裡面應該要有美元避險的部位，避免美元貶值而侵蝕掉報酬率，尤其是固定收益的投資人；投資大量股票的人也應該要進行債券投資，黃金跟美元的關係、房地產跟利率的關係…等，當然資產管理並不一定只有避險，也可以是增強報酬動作或者是降低成本，或者是高資產族群的節稅…等，每個人的需求跟目的不同，所以做法都會不同，但是做不好的資產管理，有可能讓您錯失合理的報酬表現、增加成本或甚至增加虧損；其實只要你有資產就應該要妥善管理，當然也就是每個人的基本需求，而每一項的投資都會有成本，所以並不是投資的越分散越好，投資越分散只是把各資產的波動抵銷，或許風險降低了，但報酬也抵消了，也增加了投資成本或可能產生的稅賦，甚至有可能遇到全面性的系統性風險，所有資產齊跌時反而引發更大的損失，所以資產管理要做的好做的巧，重點在於只要確認需求對症下藥即可，就像吃藥一樣，把藥當健康食品來吃，小心產生抗藥性，一發病就要你命。

2008年金融海嘯當時幾乎所有的資產全面性重挫

2000	2001	2002	2003	2004	2005	2006	2007	2008	2009	2010
15.7%	5.4%	19.5%	51.6%	22.4%	30.3%	30.2%	37.1%	10.9%	74.5%	17.0%
1.6%	-0.8%	14.2%	42.7%	17.8%	24.1%	30.1%	36.5%	-9.7%	68.3%	16.4%
-5.7%	-1.0%	-1.5%	34.8%	14.7%	19.3%	29.2%	11.0%	-25.9%	55.2%	14.3%
-9.7%	-4.9%	-8.0%	34.6%	14.4%	11.9%	13.2%	10.9%	-30.5%	31.2%	13.4%
-13.6%	-5.9%	-10.2%	30.6%	11.8%	6.5%	11.8%	6.5%	-38.6%	25.9%	13.2%
-28.5%	-13.2%	-11.0%	28.8%	10.8%	3.8%	10.5%	4.1%	-48.2%	24.2%	11.8%
-31.8%	-21.2%	-20.1%	26.8%	10.3%	2.1%	6.1%	1.8%	-53.6%	4.4%	5.2%
-36.3%	-29.9%	-24.0%	14.9%	8.8%	-6.9%	5.1%	-5.4%	-54.5%	2.6%	1.0%

新興市場股票
亞洲(日本除外)股票
日本股票
美國股票
歐洲股票
政府債券
新興市場債券
高息債券

資料來源：Bloomberg數據，截至2010年12月31日。投資附帶風險，過去業績並不代表將來表現。

美國股票：摩根士丹利美國指數；歐洲股票：摩根士丹利歐洲指數；日本股票：摩根士丹利日本指數；新興市場股票：摩根士丹利興市場指數；亞洲(日本除外)股票：摩根士丹利所有國家亞洲(日本除外)指數；政府債券：花旗集團世界政府債券指數；高息債券：花旗集團高息市場指數；新興市場債券：摩根大通新興市場債券指數(EMBI+)

好的配置不僅抵銷波動風險，更產生正向的報酬回饋

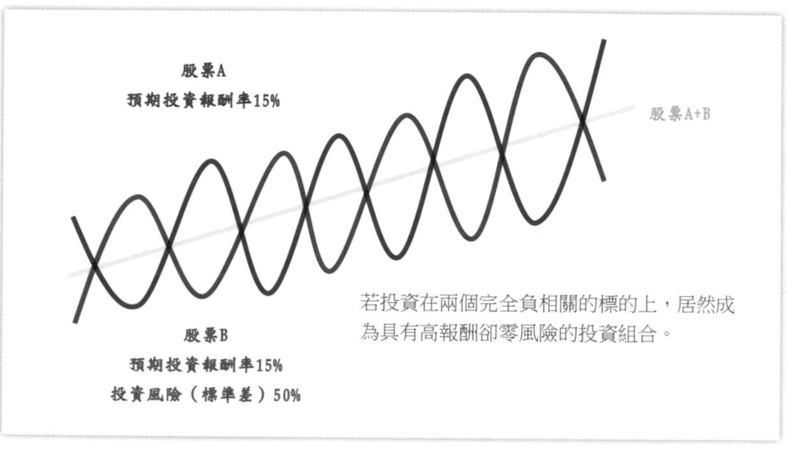

若投資在兩個完全負相關的標的上，居然成為具有高報酬卻零風險的投資組合。

投資理財的黑箱已被數位金融打開了

資訊加網路實在是一件很可怕的事情，2016/6/24當天早上，辦公室一早就傳播了英國脫歐公投追蹤的網址，從一早我們就目睹了即時資訊的威力，隨著投票結果逐漸明顯，亞洲股市就越走越低，這是一個歷史，我們活生生的見證在資訊對稱下，市場即時的反應狀態，這裡面沒有政治操作的黑箱，也沒有其他解釋的空間，該漲的資產就一直漲該跌的資產就一直跌，這是數位引導金融市場變化的最佳例證。

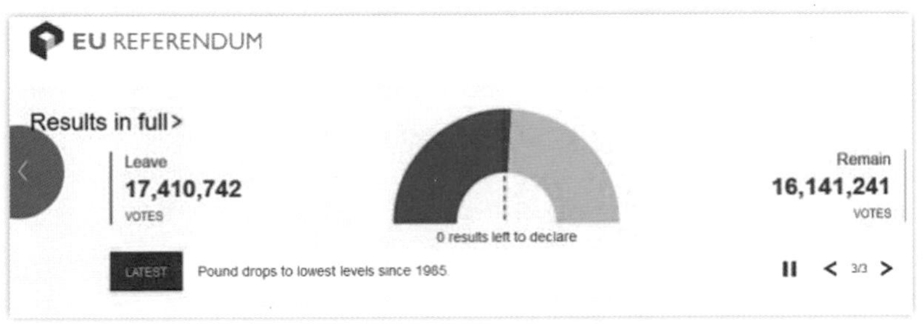

以往，我們無法在第一時間得知訊息，也不知道事件發生對於市場的影響到底有多大，在資訊不對稱的情況下，我們或許從媒體或某些特殊管道得知訊息，而且可能還是加工過的資訊，甚至還是有心人士誤導的訊息，現在透過社群、數位資訊及網路，人、事、時、地、物很難不被攤在陽光下檢視，事件的評論、分析很快就會被傳遞，甚至懶人包的版本很快就被製作出來，我們關心的話題、新聞很快的就可以在社群工具裡整理出來，大數據的採樣、運用你會發現，你只要在手機瀏覽過某個金融商品，你的社群軟體(Facebook、line..)就有人會推薦給你類似的訊息或產品，以往的網路資訊您需要透過關鍵字的搜尋才能找到，現在在不知不覺中只要你一開手機，你要的資訊就會透過各種方式在你的螢幕上呈現。

對於金融業來說，以往無法、不知如何比較的資訊，現在只要下載APP就一目了然，比方說兌換匯率的價格、基金績效的表現、存款利率的高低、房貸利率的高低、信用卡的紅利點數、現金回饋的比例…等，只要有人需要就會有人用最簡單的方式整理給你，更可怕的是，透過大數據演算法，可以用您今天的行為模式，預測你明天可能需要知道的資訊。

近期話題火熱的機器人理財就是一個標準的例子，我們試想理財專員何時有問過你想要什麼?你需要什麼?你適合什麼?如果你目前手上的部位是理專建議的，當時推薦的理由有哪一個跟你有關係?大多數推薦的理由應該是市場看好、成長潛力大、報酬表現不錯、配息高、風險低、核心配置、定期定額分散風險…等，這些理由跟你的需求有關係嗎?話說回來，也或許連你也不知道自己需要什麼，所有只要是看起來有利可圖的產品你都會想要去嘗試，但報酬的背後往往都是風險的來源，所以您的投資可能遇到屢敗屢戰的窘境，你的資產被管理的不堪一擊，你對理財開始產生了失望甚至厭惡，最後你再把資金放到存款、保險，退出股票、基金市場，但轉入了另一個低利率市場的陷阱。

話說回來，機器人理財就是希望透過您提供的訊息，認識你、瞭解你、告訴你的需求及你應該設定的目標，並給予你資產管理的建議，在你的同意下，這些建議將會被執行，將會有機器人每天監控你資產的變化，定期及不定期提供給你市場的資訊並調整你的資產，重點是機器人不會為了”業績”跟你銷售你不需要的產品，機器人還可以幫助你節省交易成本、稅務成本及管理成本，而且機器人監控的是全市場資訊，用紀律替代情緒化的投資，聽起來就是一個不錯的發明，這時你可能心動了，也或許你還在懷疑階段，當然機器人也不是神，機器人跟人哪一個比較厲害也有待市場考驗，畢竟機器人背後的理論及程式也都還是人創造出來的，但至少機器人不會欺騙你，機器人不會有業績壓力，所以不會過度的推銷不適合你的產品，而且機器人理財也才剛發展階段，未來可以進步的空間還很大。

另一個數位發展打破傳統金融的重要關鍵是直接金融，知名的*Bank 3.0：Why Banking Is No Longer Somewhere You Go, But Something You Do.*作者Brett King在書中有提到”Always

Banking, Never at a bankTM”意思就是告訴我們銀行不會是我們一定要的場所，其實我們要的是金流的行為，所以銀行業者需要去深思一般人與銀行的關係，一開始本書就提到，如果我們不需要銀行幫我們處理存放款業務或資金轉移的業務、當財富管理也被機器人取代時，銀行這個地方可以為我們做什麼?

當大陸電子支付出現猛爆式發展時，告訴我們的不只是餘X寶、微X支付有較高的”存放”利息(網路業不是金融業所以不太能用”存款”，所以用”存放”來替代)而已，而是原來支付遇到科技時可以帶來生活習慣的變化，舉例來說，叫車服務、訂餐廳、看電影…等這些日常生活行為帶來的便利，在台灣的人很難想像，在上海街頭等兩個小時叫不到計程車(既使你拿著大把鈔票在大街上揮手叫車，當然千萬不要這樣做錢財不露白)，排兩個小時的隊吃不到飯的窘境，但是透過行動支付，你可以加價10塊優先叫車，或者不僅訂到座位還可以取得優惠，所以支付加科技不僅帶來便利也會加速資金流通的效率。

在英國有些人在歐洲工作，領薪水的也是歐元，但是他們需要把每個月的薪水換成是英鎊時，透過銀行會被收取高額的手續費(每次約15英鎊)，但是透過TransferWise這類FINTECH公司，透過個人與個人(Peer to Peer，P2P)的議價，不僅可以小額兌換更可以省下銀行換匯的成本，而這個平臺只收取一英鎊的服務費，又或者台灣已經經營多年的”鄉民貸”(P_2P Lending)，個人借錢給個人的平臺，不須透過銀行的審核、評價，也不需要依照銀行繁瑣的規定，透過媒合的平臺就可以讓有錢的賺利息，要錢的人快速拿到錢，所以透過數位化進行直接金融的行為，不僅取代了銀行的業務更重擊銀行存在的意義，而這些直接金融的創意、科技正不斷的推出、革新及被社群病毒式的宣傳。

更可怕的是，這些直接金融的Idea，不僅僅被做出來，而且還告訴大眾，為何要這樣做?怎麼做?好處是什麼?漸漸的我們會發現傳統被認為理所當然的動作，原來是不需要的，原來個人的需求是可以透過平臺被滿足的，一般人覺得不理解的金融運作機制是可以被打破的。

階段1	階段2	階段3	階段4
網際網路和社群媒體	「螢幕」和智慧型手機	行動錢包	人人是銀行

主控權、多元選擇	隨時、隨地	無卡、無現金	普及、無所不在

資料來源：BRETT KING(2013)，BANK3.0—銀行轉型未來式。

數位金融的啟示

從集合式管理的共同基金到「基金社群化」的演進

共同基金主張的是集合大眾的資金，分散風險的方式去投資固定範圍的標的，而投資標的選擇是由基金公司根據金融市場的走勢、趨勢判斷及風險考量後，最後看市場的反應來發行共同基金，如一開始國內基金公司發行的共同基金都是從國內股票型、債券或平衡開始，逐漸的引進全球市場、債券，最近10年開始有新興市場、指數型、資產證券化、期貨、商品、能源…等各式各項投資概念；從2014年開始，兩倍、反向的ETF火熱又帶動了ETF、指數型投資的熱潮，不僅是基金產品，壽險、銀行的產品也是這樣發展，由發行公司判斷市場及投資人的喜好，透過宣傳及產品報酬來吸引認同此產品的投資人，所以這些產品並非是客製化，每個人舉例來說，你在股票市場上買到0050(

元大卓越指數型基金)，你、他跟我買到的0050除了價格上可能不同之外，本質都是相同的，每天面對報酬績效都是相同，計算的淨值基礎也是相同，共同基金確實幫我們處理了小額也可以有大運用及分散風險的優勢，但這也突顯了無法客製滿足個人需求的缺點，所以我們可以看到討論區中有許多人抱怨某一檔基金的表現，但也會有另一派的捍衛者，其實在現在數位化、客製化的年代透過數據的分析，其實應該要有更精準符合需求的做法，或者投資人可以自行組合自己的基金，滿足自己的理財需求。

舉例來說，我們談到ETF是根據追蹤的標的指數來複製績效，例如0050是追蹤台灣市值前50大的標的(簡單來說是這樣)，如果有人覺得前50大的標的太多只要前30大呢?或者應該是前50大當中配息最高的前10大呢?又或者是成交量前50大…等，投資人可能各有需求，但是基金公司只可能盡量滿足的來擴充產品線，但總不可能無限制的發行新基金，所以如果有一個機器人可以依照你的需求來配置股票跟基金那不是一件很酷的事嗎?又或者你根本不知道應該投資哪些標的，但是你只要知道你的報酬目標及風險承受度，平臺就依據這些條件來幫您找出最適合你的配置，這就是數位理財的目的也是未來將可以逐漸發生的事，我們都知道勞退自選平臺就是以自己主張跟執行為概念，雖然還不是100%都由自己掌控，但是至少已經做到了一部分。

另外社群化的投資概念也逐漸透過網路媒體、平臺上發酵，在其他國家，甚至有出現了以網路行為為數據基礎發展出來的指數及ETF產品，根據網路上鄉民的討論、關注及頻率，來判斷某一股票標的多空的趨勢，把某一期間投資人最為關注或有潛力的股票找出來，此類產品的投資人是否能獲利，掌握在網路行為的統計結果上，這也是社群投資概念的發展。

當然最簡單的社群化投資概念就是社群”意見領袖”，網路上的意見領袖通常不一定具有理財專業，可能是名人、可能是分析師、可能是部落客、可能只是路人甲，只要這個意見領袖發表他對市場、產品或喜好的訊息，很有可能會帶動幾百甚至幾千、萬人的投資動向，這樣的羊群效應很難說是好或不好，但是這是數位化、行動化發展的結果，身為投資人自己的投資決策還是要自己清楚明瞭，我們不希望這些意見領袖跟商業有掛鉤，或者在發表言論時是深入瞭解的，憑空瞎說或者只是依個人的喜好，都有可能會造成別人的虧損，而跟隨者也應該不要盲從，多聽聽其他意見領袖或專家的意見，畢竟是自己的血汗錢。

總之，社群化基金投資概念，對於基金發行公司來說是一個趨勢上的警訊，若只是不斷的發行產品或用行銷手法來吸引投資人，將會被越來越高的成本所拖垮，其實投資人要的是符合自己需求的獲利，現在已經不是打著高配息、高獲利的口號就能讓投資人買單的時代，投資人都已經知道人多的地方不要去(會被踩死)，人少地方也不去(會遇到鬼)，因為這些都是投資人血淋淋的經驗，就算沒遇到也在網路上口耳相傳了，我們從國外機器人理財(Robo Advisor)提倡的重點可以看到，提供的是以往VIP才有的個人化服務，先瞭解需求再來滿足需求，給予個人化的配置體驗，所以量少質精的私募基金將會是未來的趨勢，而要滿足每一個個體，就必須要數位化的平臺來達到。

從傳統銷售通路到數位化理財平臺

如前面所提數位化平臺對許多人來說不就是個網站嗎?其實這觀念是錯的，如果業者把數位化平臺當成是網站來經營那也是大錯特錯，現在的數位化平臺應該是開放的架構，以客戶為中心、以數據為基礎，用客戶需求取代產品銷售，用客戶體驗取代產品服務，怎麼說呢，傳統的基金銷售機構(不論是銀行或券商)，當客戶申購基金之後，後續的服務就是針對基金報酬表現及市場資訊的提供，全因為是投資人買了”這一項”基金產品，所以當投資人獲利或虧損時我們就會請投資人做下一個動作，但是其實我們強調現在平臺是以數據為基礎，投資人會買這一檔基金絕非偶然，也不是強力推銷下而購買的，利用數據的挖掘先預測出投資人的需求，需求滿足了就會形成投資人良好的

體驗；舉例來說，當投資人買了美元計價的基金時，常遇到市場對了匯率不對，因為沒有理專會告訴投資人需要做匯率避險，其實並不是理專不知道，有時候是不敢講，因為產品是理專推薦的，怎麼可能自己打臉介紹了”有風險”的產品，問題是投資人並不是不知道風險或不能接受風險，而是推銷了一個投資人本來就不需要、不適合的商品，當然風險出現時就很難去接受，所以又或許有時候避開風險並不是在產品線可以做到的，可能需要依靠其他產業的產品來協助，所以我會說數位平臺應該是開放式的角度以客戶的需求來推薦產品，單一產品的平臺除非僅此一家別無分號的利基，要不然以目前高度競爭的金融產品來說，是很難做到的，所以許多平臺打出一站購足的概念。

另外，傳統的銷售據點與數位平臺最大不同就是「價格」，但是數位平臺絕非價格破壞者，有許多人認為數位平臺相較於傳統平臺更便宜，個人倒是覺得「透明」才是數位平臺的優勢，大多數的數位平臺都是級距式的統一價格，傳統理財專員充斥著沒有規則的訂價策略，所以到底是被貴走了還是佔便宜很難去定義，我們發現投資人並非付不起、不想付服務費用，只是得到什麼服務才是重點。

數位平臺的優點之一是資料儲存、處理能力，傳統的理專存著主觀的市場判斷極有限的資料收集能力，而數位化平臺可以做到個人化、公平化及全市場的資訊整理，我們從國外的機器人理財業者看到，推薦的是全球的理財產品而非只是單一地區或國家，透過大數據的演算，推薦全球上架的產品，考量報酬、風險、稅賦、成本…等多項因素，而傳統平臺重視的可能是單一標的是否能夠賺錢。

雖然談了這麼多數位平臺的好處，但是也絕非都沒有壞處，數位平臺的發展嚴格說起來從金融海嘯後才蓬勃發展，不管是機器人理財或者投顧服務，運用的資料大多是近10年的資料，而這些服務也都還未遇到系統性的全面下跌，所以考驗才剛開始，投資人最後還是需要情緒上的支援或決策指導，唯有更專業、符合需求的理財機構結合數位平臺的資料處理能力，才能獲得投資人的青睞。

當數位科技運用到共同基金

我們這兩年常聽到”大數據”這個名詞，大數據的應用也在投資理財業延燒，機器人理財的基礎就必須要用到大量的數據分析，對於共同基金而言，也逐漸從內到外的受到應用及重視。

產品發展：共同基金瞄準的標的逐漸產生了變化，數據的經營成為企業擴展業務或資源管理的重要資源，在10年前環保意識高漲，所以出現了許多資源基金、商品、能源類型的標的，有些基金甚至只投資在減碳節能的公司，所以另外一種主張社會公平議題的基金或指數也發展了一段時間，2010年之後互聯網商機呈現爆發式成長，強調智能、大數據、互聯網+及社群商機的數位時代來臨，機器人的議題延燒，不管是機器人幫你選股或大數據幫你找出標的都成為目前最關心的議題，在大陸也有業者運用大數據發展出指數，甚至發展出指數基金…等，數位科技及資料採礦的技術也逐漸挑戰過去人為專業的領域。

資產管理及操作：由於電腦運算能力的提升，經理人可以透過程式及數據的運算，掌握更多的資訊及機會，若各位有看過「大買空(*The Big Short：Inside the Doomsday Machine*)」這部電影，劇中情節有提到，當少數人潛心研究數據發現房貸違約風險已經爆表，但當時信用評等公司只依據以往對公司經驗來給予評等，造成大多數金融機構、經理人、操盤人、投資人的錯誤判斷，最後引發全面性的金融危機，當然最後的放空者獲得全面勝利，多數只靠經驗或單一評等資料來投資的人都血本無歸，其實這就是數據採礦、研究的最佳例證，所以資訊的收集與判斷需要越來越多元且廣泛，甚至印象中毫無關聯的兩個資料，若運用大數據開放式的歸納分析，也會產生意想不到的結果；簡單來說，發掘別人沒看到的資訊都會是商機或投資的契機，另外，數位金融的發展對於交易的速度及頻率提供了更高層次的表現，透過系統可以真正做到無時差、地域性的交易，所以可以交易的種類變多了，時間變長了，資金的應用會變的更有效率，地球不停的轉，各交易市場不停的啟動，資產管理幾乎是24小時的行業。

行銷模式：以往投資人接觸共同基金大多是透過通路或營業據點，在各投資機構紛紛架設網站後，投資人可以從網路上蒐集可投資標的的報酬、投資範圍、規模、交易作業的規定..等，網路行動化之後，網路資訊出現了非常大的變化，除了螢幕大小及解析度的提昇讓呈現的訊息不僅圖文並茂也更多元化；除了內容更加豐富之外，功能也變得更強大，產品表現很容易就可以透過網路平臺比較出來，分類及搜尋也可以讓投資人快速找到符合條件的標的，但是這些還不是最厲害的，由於社群平臺的興起，網路不僅是道聽塗說，也可以是學習經驗的最佳去處，以部落客為首的分享開始，每個人都可以透過社群平臺分享”使用或投資”體驗，而購買前先查詢網路評價也成為多數人的習慣，所以網路上不斷有人產生資料、查詢資料，而這些動作都被系統化的記錄下來，更厲害的是用多因數、量化的分析模式歸納出來，並透過大數據的整合運算，所以接下來的投資行為是可以被預測出來的，當然現行的資產配置狀況可能遇到的風險也是可以被預測出來，成本是否過高、稅金是否能夠再低一點、投資效率前緣是否妥善…等，都一直在進化，這些改變對投資人是好事，一旦投資的體驗更順暢、資產更健康，投資人才有信心繼續投資下去，所以共同基金的行銷已經不是以產品為主要訴求，而是符合實際需求規避風險才是投資人一開始的目的，也是最終的理財需求。

「直接金融」取代了「間接金融」的剝削

什麼是直接金融與間接金融? 兩者都是資金融通的金融行為，「直接金融」顧名思義效率比較高，由於買賣雙方直接交易所以風險及流通性就很重要，而「間接金融」則是藉由高信評或具高集資能力的金融機構為仲介，達到籌資或資金流通的效果；簡單來說，您直接投資股票、債券，所以您會是某公司的股東、債券人，這就叫直接金融，若您把資金存放在銀行、信託、壽險、基金…再由金融機構資金進行複雜的資金運用，叫做間接金融，本篇文章並不是要從經濟學的角度去說明從全面的由直接取代間接金融，而是要讓您瞭解，在微利時代有些事可以自己來，但有些專業的事還是專家來處理。

先前提到，間接金融主要靠的是仲介機構的信用及資金流通速度，看信用狀況的目的是確保資金轉移或存放的過程不會有意外的風險，如我們把錢擺在銀行應該是十拿九穩，流通速度代表效率及成本，舉例來說，我們買了房子想要出租收取收益，若自己貼紅字條跟到租屋平臺哪一個比較容易租出去?在以前網路平臺還不是讓人接受時，可能路口的佈告欄效果比較好，但是現在應該沒有人會去貼佈告欄了，就算貼了也沒有人會去看，所以一個月租出去跟半年才租出去，當然流通性高的獲利比較大，現在的網路平臺還可以幫忙過濾房東、房客，也就是建立信用評等一樣的道理；同樣的事，現在也發生在金融業了，當我們把資金存放在銀行，由於景氣低迷造成投資意願不高，所以借錢投資、開公司、消費的人少了，銀行無法把錢順利的借出，當然無法提供存放者較好的利率，所以利率就會相對較低，當支付利息的壓力過高時，銀行甚至會拒絕存款，此時您要不自己找高收益的產品，要不就忍受超低利率的活存，這件事在成熟國家已經發生，所以日本的渡邊太太會借日圓去買澳幣、南非幣的海外投資，或者中國網購族把銀行存款轉到餘X寶一樣的道理，說穿了就是「固定收益」這件事，銀行活存、定存已經不靠譜了，因為數位金融平臺的發展，出現了許多以前投資人做不到的事，更可怕的是，透過社群媒體的宣傳，資金轉移的速度之快，效應之大讓您無法想像。

根據中國人民銀行金融局統計2000年至2010年之11年間，每月銀行存款減少之月數僅出現7次，平均每次減少金額約1,000億人民幣；惟自2011年中國人民銀行開始發行第三方支付牌照後，銀行存款流失程度擴大，2011年至2014年8月，銀行存款減少之月數出現13次，平均每次減少金額高達6,000億人民幣。2014年7月人民幣存款餘額較6月減少接近2兆人民幣，減少幅度並創14年來大。

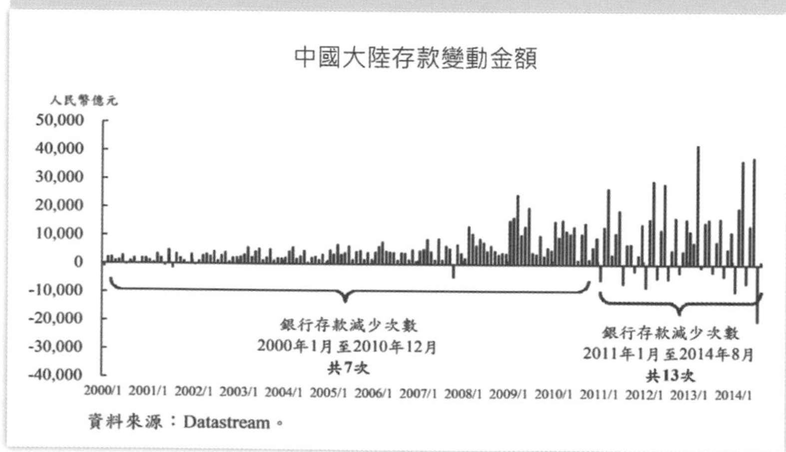

資料來源：Datastream。

有專利的投資工具您聽過嗎?

大家都知道有專利這件事，但是「金融專利」不僅對投資人來說相當陌生，對金融業者而言也是過去無法落實的重點，以往市場上只要有新的產品或機制，只要達到市場規模，各業者就會相繼投入，很少有僅此一家別無分號的情形，所以先行者或規模較大的品牌，往往會是市場的領導者，但是由於數位金融的導入，金融專利這件事逐漸受到重視，根據經濟部發布，金融業所申請的專利數量累計至今僅有24件，也因為如此，投資人到哪一家金融業可以得到的產品、服務本質都大致相同，唯一不同的可能只剩下價格了，然而也因為各金融業者不斷的殺價競爭，利潤越來越少，投資人可以得到的服務也就越來越粗糙，所以你得到的金融服務是為了滿足您獲利的需求還是業者獲利的需求?

其實，最令人感到害怕的是，數位金融是無國界的，經濟部智慧財產局數據顯示到2016/03為止，阿里巴巴在台總申請專利數232件，共有36件金融科技專利案通過，正在申請中的金融科技支付類案件則有22件，若未來國內業者提供的金融服務踩到了專利的地雷，不僅是業者要付出相當大的代價，投資人的資金、投資策略方向可能也都會受到牽制，講白一點你的資金可能會被”綁架”，當然國內的金融業者也不是省油的燈，各業者也正在為了金融專利深入的研究與發展，對投資人來説是好事，未來各業者有機會發展出獨特的金融服務，您的資產將會受到更好的照顧，我們可以看到目前申請的專利大多是在支付、大數據銷售的領域，對於理財、投資、增益上較少看到有革命性的產品出現，但相信不久的將來，國內的金融專利將會快速的發展。

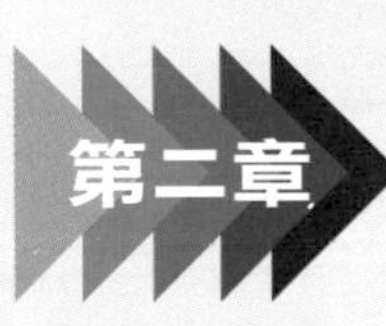

基金為何需要革命
要怎麼革命？

你一定要知道通路與平臺的差異

嚴格說起來您目前買到的金融產品都是透過通路，通路與平臺有何不同?廣義的來說，平臺上的產品必須多元、廣泛、公平、可搜尋，所以會有一站式購足的優勢，而通路顧名思義會是一個銷售單位，當我們走進了類似家樂福的賣場就可以算是一個零售購物平臺，各類商品擺放有秩序，你可以依需求到不同的走道找到你要的產品，而我們也可以選擇到產品的專賣店去購買，得到更深入的服務，所以因為得到的服務有所不同，所以同樣的東西價格上也當然有差異；相同的，金融產品價格或是服務當然更是由自己決定，也取決於您對金融產品瞭解的程度，通路一直存在銷售業績的壓力是不爭的事實，所以您買到的金融產品是否是最適合你，就值得深思，不同的金融業者都有不

同的業績計算方式；以基金行業來說，主要獲利來源是基金的管理費，所以資金存放越多越久獲利也越多；財富管理業首重手續費收入又以月為單位，所以投資越多手續費越高，投資週期越短越好；壽險業存放期間長所以手續費獎金也就相對高；證券交易強調周轉率每次進出都收取費用…等，所以當我們瞭解不同金融通路的特性，也不難理解透過這些通路可能希望投資人進行投資的產品或方式，不管是透過哪一種通路，投資人與通路之前存在的利益關係是不可抹滅的，投資人的血汗錢能否得到最佳的”照顧”?我們能這樣說，只要有業績壓力多少存在著偏頗，當然我們樂意透過通路的服務來協助我們獲利，畢竟，通路的服務人員會有基礎的金融產品證照及對產品、市場的專業，所以通路並不是不好畢竟我們會得到應有的服務，理專、業務人員都有將不適合投資人的產品篩除的本事，儘量提高投資人的勝率，可多賺就賺、能少賠就少賠，若真能如此，多付一點服務費也是值得，您的理專是如此嗎?您可以好好的去檢視一番。

話說回來，現在網路、行動網路相當普及，有大量的資訊隨手可得，我們在買東西時會到各網站比價、瞭解產品資訊，投資理財您更是要這樣做；投資平臺就是一個適合一般投資人獲取金融知識的最佳來源，沒有來自於理專的壓力，有各樣的產品比較機制，從報酬、成本、風險度、波動性、週期性報告…等，幫助投資人公平、個人化的選擇自己需要的產品，但是畢竟網站平臺是冰冷的，你沒有設定條件是不會有答案的，而您的搜尋條件會被您自己的專業知識受限，舉例來說，因為你投資股票所以你對股票代號、股票交易系統的使用非常熟悉，所以再怎麼尋找投資標的，就還是圍繞在股票，您不會知道債券、匯率、商品…等投資機會，所以當股票全面性下跌時，你可能會受傷慘重，因為你滿手股票，而懂債券的人、懂總體經濟的人，可能運用其他資產的配置讓虧損降低，甚至在市場熊市取得獲利；當然我們不是在鼓勵您成為全方位、專業的投資人，畢竟金融專業還是有門檻，所以透過「FIN TECH」(金融科技)的應用，您不需要瞭解艱澀的金融用詞、產品，您也可以透過系統幫您選到理想的投資標的，近期在國內外都很火熱的機器人理財，就是一個很好的理財模式，如下圖所示，來自香港8證券的理財機器人，強調的就是設定、執行跟放鬆，把理財交給機器人，因為它不僅幫您挑好標的、也會時時追蹤調整投資組合，用你預設的需求達到理想的理財目標，而這些理財平臺正雨後春筍的冒出，當然也挑戰傳統通路的地位及定位。

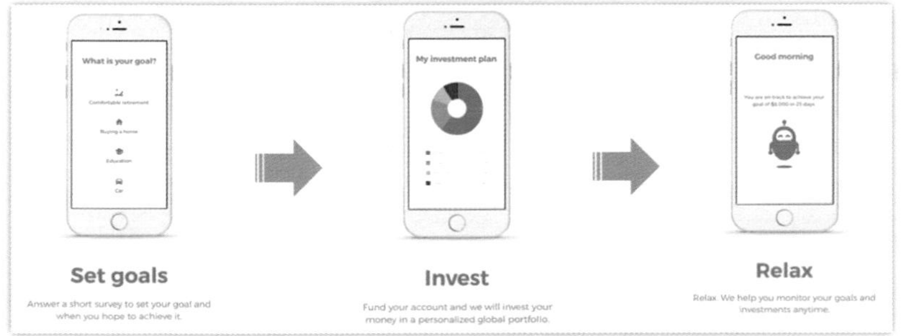

其實不管是通路或科技平臺，都不能保證投資人能獲利，投資人都需要有基本的認知，面對理專，我們相信他(她)可以透過理財的經驗跟知識帶給我們獲利機會，在重大事件發生時可以給我們最好的投資決策，透過平臺或機器人理財，我們可以輕鬆的投資，廣泛的進行資產配置或相對便宜的投資成本，但是機器人掌握的資訊也會受到系統規畫者的限制，所以在國外，也有機器人與專業理專共同服務的機制，不管您比較喜歡哪一種服務，只要能幫助我們賺錢的方式就是好的機制，不是嘛?

另外，投資人不管選擇通路或數位平臺，最重要的還是風險，這裡指的並不是市場風險而是金融機構的控管風險，其實金融業的工作並不止是投資理財，後台延伸出來的資產風險控管更是重要，尤其數位的年代，我們很輕易的在網路上提供出我們的基本資料，不僅是姓名、地址，我們還會上傳我們的帳戶資料、信用卡號…等，這時資訊安全就非常重要，傳統金融業已算是百年事業，對於投資人資金控管、作業流程當然已經相當成熟，但是數位金融發展也不過是幾年的時間，仍然有許多需要更多的改進跟研發，但是我們可以確信數位金融的進步速度，將會逐步趕上且超前，加上使用體驗及資訊整合能力，數位金融平臺的發展已經勢不可擋。

總結來說，金融業已經不再像過去如此艱深與低取代性，買基金不一定要到投信，買保險不一定只能在保險公司賣，買海外股票不一定要到國外開戶，連銀行的業務也逐漸被科技取代，金融業專業產品的界線逐漸模糊，投資人的選擇性、資訊取得速度及廣度都非常多，不管是傳統通路或者是數位平臺，都必須要更專業、更貼近需求的策略去滿足投資人的需求，一再的轉換投資標的，只重視銷售的業務模式只會讓投資人受傷，全面長期的規劃及解決方案的提供才是投資人需要的金融理財管道，FIN TECH並不是要搶奪金融業的生意，相反的透過科技可以快速取得、瞭解投資人的需求，快速的反應會更有機會取得投資人的信賴，這是本書提出的一項的通路革命。

徹底認知共同基金的本質

不管你是投資共同基金的老手或者是新手，都應該要好好的深思您瞭解共同基金的本質嗎?為何要分股票基金、平衡基金、債券基金、貨幣市場基金、保本基金、ETF、組合基金….等，若提到各式各樣的基金的特色，我相信對許多人來說都是簡單不過的問題，因為各家銷售機構都一定會強調基金的特色，這年頭沒特色的東西怎麼賣得出去?對吧，所以你一定知道，平衡基金是股債平衡，行情好時股票會幫你獲利、債券會幫你收益，行情不好時債券能持盈保泰，股票成為守中帶攻的工具，透過動態的平衡操作讓資產穩健成長….這些道理你一定都聽過，但是說穿了還不就是經理人對行情的判斷準不準，若與市場對作或踩到地雷，再穩健的產品也會出現重大虧損，所以投資人若只看產品特色，就只是看對市場判斷的準確度高不高罷了，若準確度高，何必買平衡基金?更可以說，何必買基金?買股

票賺更多，當然期貨賺的又更多，但是誰都沒把握不是嗎?

話說回來，基金的本質是什麼?只有分散風險嗎?當然不是，懂得基金的本質才能對症下藥，有對症下藥才能治本治標，舉例來說，如果你只是短期的資金存放，你會想要放到股票去博一下嗎?如果會，你就必須要有虧損的準備，若你不想要有虧損，你可以考慮一下定存至少賺個利息，但是放定存資金又被綁死就不符合原本短期資金存放的目的，所以貨幣市場型基金就是你比較理想的選擇，雖然收益不高但是總比放在銀行活存什麼都不做的好，所以貨幣市場型基金的本質是什麼?它本來就是設計為資金停放的工具，所以它具有息收的效果更具備高流動性的特性，所以在中國，貨幣市場基金廣泛的利用到支付領域，把隨時可能消費支付的資金放到一個可以生利息的池子裡，隨時可用也隨時生利息。

再說，如果你看好台股會上到一萬點(假設現階段是9000點)，想要在這一波上漲的機會中賺個20%，當然若是這樣的條件，你不應該去投資台股的平衡型、指數基金甚至債券基金，適合你的投資應該是台股2倍的ETF、單壓股票、領漲的產業基金，才有辦法達到你的目標，所以台股2

倍的本質是什麼?除了跟隨指數漲跌之外，就是可以給你兩倍的效果，符合你看好指數表現跟超越預期報酬的效果，若你投資平衡基金、指數基金、股票基金可能只能滿足掌握上漲的機會，但是要達到預期效果相對機會不大。

以上舉例都是比較單純簡單的例子，實際的投資跟市場環境都相較複雜一些，再舉例來說，你設定了一個長期投資為退休準備的定期定額計劃，選擇的標的是台股基金，在您持續計畫幾年之後你已經累積了一定的資產，也照著原本的規劃持續進行，但是目前台股指數已經來到8500點以上的高檔區，你應該怎麼做?有人會說，就獲利了結吧，萬一台股再上到萬點，那後面的15%你就錯過了，許多人都會有這樣的經驗，等到再回到市場反而遇到市場反轉而受到虧損，不僅原本的計畫沒有確實執行，反而惹了一身腥，所以你應該怎麼做?你可以考慮購入「T50反一」，原本的長期計劃維持不變，若股市繼續上漲，原本的計畫還是賺的到，但「T50反一」會虧損，總和來說，一來一往你可能少賺或不賺，但是你就鎖住原本的獲利，但若指數是如預期下跌的，你原本的計畫依然持續進行，因為它本來就是長線的計畫，短期波動不需要擔心，但是你購入的

「T50反一」會幫你獲利，所以不管指數怎麼跑，你都可以做到「取短補長」或「取長補短」，你的贏面就是比別人大，你的理財才會比別人愜意輕鬆不是嗎?

另外，從金融海嘯以來，投資人對於風險相當重視，甚至出現過頭扭曲的現象，加上銷售上的誤導，往往用錯誤方法投資，其實少賺還好出現虧損就不好了，這幾年保險業者狂推類全委保單，強調年配或月配的收益性，一喊就是高達5~6%的年化收益表現，其實業者看準了投資人對於風險趨避及高收益的需求，順勢推出保險加投資的雙重功能(其實是低比重保障、高比重投資)，但是明眼人一看就知道，要年配5~6%的高益目標，是要投資什麼才能達成?以全球都在降息甚至負利率的市場環境，有什麼低風險的標的可以年配息超過5%，當然配息可以從資本利得來產生，資本利得的來源是什麼?股票價差?匯率價差?債券價差?...若投資產生虧損呢?更不用提保險產品本來就是高傭金的產品，一買就先輸了幾個%，要靠後續配息很難賺得回來，只能靠經理人的操作了，再加上每年都要配5~6%，錢從哪裡來?說穿了，就是從自己的本金配還給自己，所以靜下心來想一下，這是你要的產品本質嗎?你是要買保險?還是買資產配置?還是買配息?

總結來說，每一項投資產品都各有優點及缺點，瞭解產品的特性取其優點，缺點的部分找其他產品來避險，千萬不要本末倒置，避險的產品壓重本，穩健的產品變成衛星投資，不僅沒有發揮本質優勢而出現反效果，前幾年高收益債的產品就是一個很好的例子，在這裡就不再重複，好好檢視目前的配置中，有沒有把股票當債券買、債券當股票買、基金當保險買、保險當現金買?倒過來用白話文來說，要流動性就不應該買保險，買基金就要策略組合，息收才是債券商品的目的，股票最大的優勢是價差，所以這邊提到第二項革命，是投資產品本質的強化(增強)，而不是扭曲的產品銷售術語，這是投資人自己要有的基本常識，不能把責任推卸給銷售機構的，畢竟立場不同、專業不同。

個人資產與金融市場的關係

台灣有超過40兆的存款餘額，台灣的金融帳連續24季外流，台灣有超過4000億美元的外匯存底、美元兌換台幣大約31.XX元…等，我們常看到媒體報導這些天文數字，或許你會覺得跟你的資產沒有關係，但其實都是息息相關的，也都是可以利用的市場資訊，就像投資股市的投資人一定會注意外資今天買超台北股市多少金額，但是這僅止於利用在股票投資，但是我們不止投資在股票吧，當下台北股市每日成交量僅剩下800億左右，散戶投資的比重已經降到冰點，這數字對於不碰股票的投資人來說意義就相當低了，但是不投資股票你還是有其他更多的資產，都與金融市場息息相關，以最簡單的定存利率來說，目前定存利率會引動與你高度相關的其他利率，如活存利率、房貸利率、信用貸款利率、長短債券利率、長短債券價格、基金收益…一直延伸下去，間接影響的還有通貨價格、房屋價格、民生用品價格….等等，就算你不投資股票、基金…等金融商品，金融市場的變化對你個人的影響其實相當大，尤其是微利時代，幾個小數點的跳動對於資產報酬影響是很大的，從生活實例來說，台幣一貶值進口的原物料可能跟著上漲，你每天就要多花一些錢去支付材米油鹽，台幣一升值你先前買的美元部位就會跟著產生負數。

從理財規劃的角度來看，如果退休後每個月需要的生活費是3萬元，若很單純的透過銀行存款利息過生活，1,000萬的存款需要3.6%的年收益表現，若以目前定存利率只剩下1%，則需要準備3,600萬，所以你若小看利差只有2.6%，你就大錯特錯，因為你需要準備的金額是原本規劃的3.6倍，是多出2,600萬，要不就是降低花費的金額，要不就要拼命賺錢，但是你會發現兩種方式都不合理或無法達成，所以本章節要告訴你的主要重點就是：微利時代金融市場的變化，對於你的個人資產的影響是很巨大的，尤其是需求層面跟執行層面，都會有非常大的影響，所以你的資產管理模式需要另一次的革命，目前甚至未來，靠著利息過活的想法可能已經不會再發生，您的資產需要更精密、更廣泛長時間的規劃，才有辦法過日子。

共同基金如何幫助個人資產成長

前面提到了微利時代與個人資產的影響(其實我們應該要擔心會不會進一步變成負利率時代)，我們要找出各種可能的方法來爭取收益，首先，我們要先強調，這裡提到的資產並不止於投資的錢，而是你所有的身家，不是要把你的身家拿去變賣，而是要想辦法讓散在各處的資產都要全面的活化，其實這也是行動數位商機的一個關鍵觀念如”零碎商機”、”共用經濟”的想法。

那共同基金如何幫助個人資產成長?前面章節有提到認識基金的本質的重要，真正瞭解本質才知道如何應用，而不是只關心基金報酬，若只關心報酬你就會忽略風險，你只看到報酬你就會下去賭一把，最後只會傷身跟傷心，回到如何幫助個人資產的成長，在這裡我想要請你先認識你手上有哪些資產，而你的資產裡面可以分為「必要」跟「想要」。

必要的資產如房地產、土地、存款…等，也是你核心持有的重要資產，如果有危害核心資產價值的危機，我們都要去正視及解決提出合理的解決方案，最直接的例子，當然是存款，銀行利息越來越低甚至拒收你的定存單，你如何去因應?你可以去買固定利率的保單，只要你能在到期日不買回你都可以享受優於定存的利率，當然考量的是流動性及壽險公司的信用，若想要保有較高的流動性，共同基金會是理想的選擇，你可以選擇政府公債的債券基金，可以選擇貨幣市場基金、固定收益的相關產品，一方面保有相當的流動性也可以增加你存款的收益，而你不能選的是「高收益債券基金」，因為它的風險可能高過壽險公司信用跟利率下調的變化，它甚至可能讓你血本無歸，這與「存款」的本質已經不同，所以當你的理專打電話給你，與您強調定的定存單已經到期，現在利率這麼低是不是要轉到高收益的產品，我們有外幣定存、保單、高收益債券…等可以享受高利息的同時，你都要小心不可。

共同基金特性是專業的團隊幫你從眾多標的挑選優質

的菁英組合來投資，並隨時調整比重及進出決策，短期效果難以顯著，但長期下來共同基金應該會打敗市場的平均表現，以台股來說，指數可能會呈現區間震盪，但是主動式操作會隨著隨漲抗跌的特性，逐漸與大盤或平均值拉開距離，這就是所謂的「α」，而被動式的指數基金或ETF，用跟隨指數成分及比重的方式來投資，與指數的關係會相當貼近或相等，這就是我們熟知的「β」。照理來說，我們希望透過投資幫我們的資產創造「α」，但是因為我們的投資方式、看短不耐長的心態又或是經理人操作不當，有時不但無法取得「α」甚至會形成虧損，所以有許多投資人轉為低成本的被動式投資，以選擇表現比較好指數來投資只取「β」，這是一件很簡單有用的投資方式，但也能讓你的資產增長效率變得較低，如果可以把被動操作的穩定性加上主動選股的效率彈性加在一齊，就會轉化成目前正夯的「Smart β」投資方式，這是一個新形態的資產管理策略，未來也將在共同基金業界先掀起一片波瀾；舉例來說，投資熟知的0050ETF，是跟隨台灣50指數，也就是符合條件的市值前50大個股，某種程度來說，企業會成為市值前50大，也表示在台灣市場不管在營運面或規模上受到投資人認同的50檔個股，在成熟的市場中這前50大，除了後幾家有可能被置換外，長期來說成分股會相當穩定，當然表現也會相當穩定，如果我們換個想法一樣是50大個股，但是條件是過去3個月股價表現最好、或營運季報表現最好、或過去三年配息最高、或技術指標處於低檔…等不同的指標來衡量投資組合時，成分股就會隨之變動，而報酬表現也就會依照不同標準組合而變動，而這個組合隨著需求來調整，如果我需要高息收，我就列出高息收的條件(假設是過去三年配息超過5%的前20大個股)，只投資過去配息高於5%的股票組合，並依據這個組合來進行配置，而得到的結果沒有意外就可以配到5%以上來滿足投資人的需求，可以說是穩健的指數策略，彈性的主動條件選股，更重要的是個人化、需求化的進化投資產品，而哪裡有這樣的產品服務?其實目前的機器人理財就是類似這樣的結構，只是投資人是報酬、風險目標導向，隨著智能理財發展越進步時，「Smart β」的概念將會有更深的導入，就像汽車導航一樣，給我一條到達總統府的路，導航機就幫你規劃一條最佳道路一樣的模式進行，另外，「Smart β」也適合從私募基金發展，而這也是逐漸在發展中。

總結來說，未來共同基金給予個人資產增長的幫助，已經與過去只論報酬風險的角度不同，目前的機器人理財只是初步的數位化導入，未來更個人化、需求導向的運作模式，才是此章節要提到的產品革命。

第三章 投資理財需要的三大功效您做到哪幾項？

投資理財的功效?何必談這麼多，其實投資人要的就是賺錢，誰都知道也誰都想要，但是你的每次出擊為何都不是每次獲利?我遇到許多投資人，我問他為何要投資這一檔股票、基金時，都不是給我”要賺錢”的答案，大多是說這個股票營收很好、技術面轉多、市場要升息、新產品大賣….等市場理由，對我而言，投資人已經輸了一半，這些理由只是在為自己未來虧損時找的理由，看來投資人都已經被市場教育的很好，投資一定有風險、投資有賺有賠，所以你也知道可能會虧損，既然會虧損那何必冒這個風險?所以，我希望投資人先瞭解投資的三大功效，再來談投資什麼，就像吃藥一樣，沒事不要亂吃藥，吃了藥就要有療效，藥到病未除反而產生副作用，那就糟糕了。

「資本保護」：先求不傷身體、再求療效

第一個功效要跟你談資本保護(Capital Portection)，沒投資的資產就像沒有抗體的個體，只要病毒一來馬上發病，錢都放在存款，靠死薪水來增加資產，在過去，你只要乖乖的繳房貸、省吃儉用，景氣的擴張、友善的利率環境，自然會把你帶到有結餘資產，但是現階段的景氣環境及利率水準，不想辦法投資理財將會讓自己陷入「新貧族」的一群，新貧族的特性就是，餓不死、但也沒有多餘的資金可以享受生活或其他的規劃，結不了婚、買不起房、養不了小孩，努力工作但平庸的生活，沒有翻身的機會，所以我們要投資理財，來增加我們的資產，運用複利效果，用時間來讓資產大幅增加，就是用錢去滾錢，當我們運用投資工具來進行資產增益時，首先要做好的功課是「資本保

護」，因為它很重要所以要強調三次，「保護」、「保護」、「再保護」。

第一層保護，免於通貨膨脹、貨幣價值減損帶來的資產損失，通貨膨脹是退休資產管理的最大敵人，我們可以在網路上很容易找到一些退休規畫的試算程式或者勞保月退的計算方式，我們可以設定退休的時候每月需要的生活金，以目前的水準來看，每月一個人3萬看似綽綽有餘，但是你有想過20年前需要這麼多嗎?若我們設定每年的通膨率是2%，現在需要3萬20年後是多少?

$30{,}000 * (1+x)^{n}$，$x = 0.02$、$n=20$

所以20年後退休，你需要的不是3萬，而是45,469…比預期要多近50%。若退休後再活20年，到你離開的最後一年其實你需要66,241比預期要多超過200%。

(若你以為這個數字很恐怖，下面的數字會更恐怖)

你若傻傻的認為一個月3萬，一年36萬，退休後活20年需要720萬，你就大錯特錯！

其實把通膨算進去，其實你退休需要13,257,614元！

根據行政院主計處公佈的物價指數，台灣過去50年來平均通膨率大約是4%，大多時候落在1~2%之間，主因是偶爾會有一些重大的全球經濟危機，造成通膨率大幅的飆高，例如民國63年通膨率47.4%，民國69年19%、民國70年16.3%。這幾次通膨飆高的原因都是石油危機，而近幾年美國QE量化寬鬆大量印鈔票，很難保證未來幾十年內不會再發生劇烈的通膨。

通貨膨脹的道理我們都知道，但是很少人真正把它試算進去，可能是結果太恐怖了，應該有很多人會半途而廢，算了，以後就由小孩或政府養了，當然，我也不想要你看到這裡就直接把書丟垃圾桶，所以我還是要告訴你好消息，如果，其實若你有幫資產做通貨膨脹的保護，其實你不需要準備到1300萬，你只大約準備1,100萬就可以安心的過下去，這還不含你可能拿到的勞保、勞退的退休資金，以下是試算表讓你好好評估一下：

從現在開始準備20年，以目前每月3萬水準來看

20年後計入通膨應該準備的金額			
	目前預期 退休月需金額	通膨率 （年）	考慮通膨後 月需金額
第　一　年	30,000	2%	30,600
第　二　年	30,600	2%	31,212
第　三　年	31,212	2%	31,836
第　四　年	31,836	2%	32,473
第　五　年	32,473	2%	33,122
第　六　年	33,122	2%	33,785
第　七　年	33,785	2%	34,461
第　八　年	34,461	2%	35,150
第　九　年	35,150	2%	35,853
第　十　年	35,853	2%	36,570
第十一年	36,570	2%	37,301
第十二年	37,301	2%	38,047
第十三年	38,047	2%	38,808
第十四年	38,808	2%	39,584
第十五年	39,584	2%	40,376
第十六年	40,376	2%	41,184
第十七年	41,184	2%	42,007
第十八年	42,007	2%	42,847
第十九年	42,847	2%	43,704
第二十年	43,704	2%	44,578
第二十一年 （開始退休）	**44,578**	**1.02**	**45,470**

開始退休後，計入通膨每月應準備金額				
	退休 月需金額	通膨率 （年）	考慮通膨後 月需金額	年準備金額 （月 *12)
第　一　年	44,578	2%	45,470	545,640
第　二　年	45,470	2%	46,379	556,553
第　三　年	46,379	2%	47,307	567,684
第　四　年	47,307	2%	48,253	579,037
第　五　年	48,253	2%	49,218	590,618
第　六　年	49,218	2%	50,203	602,431
第　七　年	50,203	2%	51,207	614,479
第　八　年	51,207	2%	52,231	626,769
第　九　年	52,231	2%	53,275	639,304
第　十　年	53,275	2%	54,341	652,090
第十一年	54,341	2%	55,428	665,132
第十二年	55,428	2%	56,536	678,435
第十三年	56,536	2%	57,667	692,003
第十四年	57,667	2%	58,820	705,843
第十五年	58,820	2%	59,997	719,960
第十六年	59,997	2%	61,197	734,359
第十七年	61,197	2%	62,421	749,047
第十八年	62,421	2%	63,669	764,028
第十九年	63,669	2%	64,942	779,308
第二十年	64,942	2%	66,241	794,894
總　金　額				13,257,614

未考慮通膨只準備720萬的後果，第12年開始負債			
	退休金	每年使用	剩餘金額
第一年	7,200,000.00	545,639.88	6,654,360.12
第二年	6,654,360.12	556,552.68	6,097,807.43
第三年	6,097,807.43	567,683.74	5,530,123.70
第四年	5,530,123.70	579,037.41	4,951,086.29
第五年	4,951,086.29	590,618.16	4,360,468.13
第六年	4,360,468.13	602,430.52	3,758,037.61
第七年	3,758,037.61	614,479.13	3,143,558.48
第八年	3,143,558.48	626,768.71	2,516,789.76
第九年	2,516,789.76	639,304.09	1,877,485.68
第十年	1,877,485.68	652,090.17	1,225,395.51
第十一年	1,225,395.51	665,131.97	560,263.53
第十二年	**560,263.53**	**678,434.61**	**-118,171.08**
第十三年	**-118,171.08**	**692,003.31**	**-810,174.39**
第十四年	**-810,174.39**	**705,843.37**	**-1,516,017.76**
第十五年	**-1,516,017.76**	**719,960.24**	**-2,235,978.00**
第十六年	**-2,235,978.00**	**734,359.44**	**-2,970,337.44**
第十七年	**-2,970,337.44**	**749,046.63**	**-3,719,384.07**
第十八年	**-3,719,384.07**	**764,027.57**	**-4,483,411.64**
第十九年	**-4,483,411.64**	**779,308.12**	**-5,262,719.75**
第二十年	**-5,262,719.75**	**794,894.28**	**-6,057,614.03**

以720萬進行通膨保護下，可以多使用兩年				
	退休金	年增值	年使用	年結餘
第 一 年	7,200,000.00	7,200,000.00	545,639.88	6,654,360.12
第 二 年	6,654,360.12	6,787,447.32	556,552.68	6,230,894.64
第 三 年	6,230,894.64	6,355,512.53	567,683.74	5,787,828.79
第 四 年	5,787,828.79	5,903,585.37	579,037.41	5,324,547.96
第 五 年	5,324,547.96	5,431,038.92	590,618.16	4,840,420.76
第 六 年	4,840,420.76	4,937,229.18	602,430.52	4,334,798.66
第 七 年	4,334,798.66	4,421,494.63	614,479.13	3,807,015.50
第 八 年	3,807,015.50	3,883,155.81	626,768.71	3,256,387.09
第 九 年	3,256,387.09	3,321,514.84	639,304.09	2,682,210.75
第 十 年	2,682,210.75	2,735,854.96	652,090.17	2,083,764.79
第十一年	2,083,764.79	2,125,440.09	665,131.97	1,460,308.11
第十二年	1,460,308.11	1,489,514.28	678,434.61	811,079.66
第十三年	811,079.66	827,301.26	692,003.31	135,297.95
第十四年	**135,297.95**	**138,003.91**	**705,843.37**	**-567,839.46**
第十五年	**-567,839.46**	**-579,196.25**	**719,960.24**	**-1,299,156.49**
第十六年	**-1,299,156.49**	**-1,325,139.62**	**734,359.44**	**-2,059,499.06**
第十七年	**-2,059,499.06**	**-2,100,689.05**	**749,046.63**	**-2,849,735.68**
第十八年	**-2,849,735.68**	**-2,906,730.39**	**764,027.57**	**-3,670,757.96**
第十九年	**-3,670,757.96**	**-3,744,173.12**	**779,308.12**	**-4,523,481.23**
第二十年	**-4,523,481.23**	**-4,613,950.86**	**779,308.12**	**-5,393,258.97**

準備1100萬進行通膨保護下，可完成20年退休無憂生活

	退休金	年增值	年使用	年結餘
第　一　年	11,000,000.00	11,000,000.00	545,639.88	10,454,360.12
第　二　年	10,454,360.12	10,663,447.32	556,552.68	10,106,894.64
第　三　年	10,106,894.64	10,309,032.53	567,683.74	9,741,348.79
第　四　年	9,741,348.79	9,936,175.77	579,037.41	9,357,138.36
第　五　年	9,357,138.36	9,544,281.13	590,618.16	8,953,662.97
第　六　年	8,953,662.97	9,132,736.23	602,430.52	8,530,305.71
第　七　年	8,530,305.71	8,700,911.82	614,479.13	8,086,432.69
第　八　年	8,086,432.69	8,248,161.34	626,768.71	7,621,392.63
第　九　年	7,621,392.63	7,773,820.48	639,304.09	7,134,516.39
第　十　年	7,134,516.39	7,277,206.72	652,090.17	6,625,116.55
第十一年	6,625,116.55	6,757,618.88	665,131.97	6,092,486.91
第十二年	6,092,486.91	6,214,336.65	678,434.61	5,535,902.03
第十三年	5,535,902.03	5,646,620.08	692,003.31	4,954,616.77
第十四年	4,954,616.77	5,053,709.11	705,843.37	4,347,865.73
第十五年	4,347,865.73	4,434,823.05	719,960.24	3,714,862.81
第十六年	3,714,862.81	3,789,160.07	734,359.44	3,054,800.62
第十七年	3,054,800.62	3,115,896.63	749,046.63	2,366,850.00
第十八年	2,366,850.00	2,414,187.00	764,027.57	1,650,159.44
第十九年	1,650,159.44	1,683,162.63	779,308.12	903,854.51
第二十年	903,854.51	921,931.60	779,308.12	142,623.48

從上面的試算，你應該可以體認到通膨+時間真的很可怕，其實通膨跟複利效果是一樣的道理，只是方向是不利於資產的減損項，而偏偏在金融海嘯之後，全球都處於在負利率的階段，未來就算景氣上揚，利率的調升空間已經相當有限，單靠銀行的利息根本無法抵抗通膨的長期侵蝕，所以第一層的保護，我們可以把什麼產品放進我們的資產中?最直接的當然是抗通膨債券(TIPS)、商品指數化產品、短期債券、黃金…等產品。

第二層保護，免於景氣循環價格波動帶來的資產減損，相較於通貨膨脹因為景氣循環帶來的價值波動較不會有時間加乘的複利效果，但並不表示景氣循環的價格減損不可怕，景氣循環產生的產業修正，時間比較短但幅度卻比較大，以大家熟習的台股來說，大約3~5年會有一波股市循環，從低檔到高檔大約有一倍的漲幅而修正時也會有大約4~6成下跌；整體來說，只要經濟成長動能呈現正循環，長期來說，股票市場的報酬是正數，而造成無法翻身的虧損，大多是投資決策及策略而產生，近幾年來提倡的存股投資其實就是掌握向上循環的漲比跌多的特性，千萬不要高檔時全押或追價，多空市場都有存到部位，從平均成本的角度來算，只是股價高於長期均線，投資人都能獲利，定期定額投資也是這個道理，但這裡要告訴投資人，長期存股的風險在於個人的口袋夠不夠深，尤其是面對下跌循環時，若買到一半就彈盡援絕而停止佈局，持有的部位都是高成本，一旦需要用資金，那還真的是要認賠出場，所以投資人需要有景氣循環造成下跌風險的「動態平衡配置」保護機制，平衡配置的機制需要有完整的產品規劃，最簡單配置如股、債，現在你可再多選擇股、債、商品、匯率、利率…等，當我們配置的越完整，不同商品的景氣循環特性就會產生互補的效果；簡單來說，當利率往上走、匯率會跟著走、再來股票、再來商品、再來債券然後再回到利率，若做完整體配置，當有資產在下跌時就會有另一項資產往上走，然後一棒接著一棒，很像波浪般不斷的循環，而在配置時千萬不要平均分配或互抵的分配，比重也要因應循環的脈動來進行，股市在高檔時當然要降低比重並移往下一棒，建議你往往是低檔的資產比重要高於位於高檔資產的比重。

以前我們只有股票基金、債券基金、平衡基金，選擇性較少，但現在要投資匯率、利率、商品…等基金產品相當多，要做好平衡循環配置並不難，你可以多跟理財專員討論，如何依照景氣找出主要的配置標的。

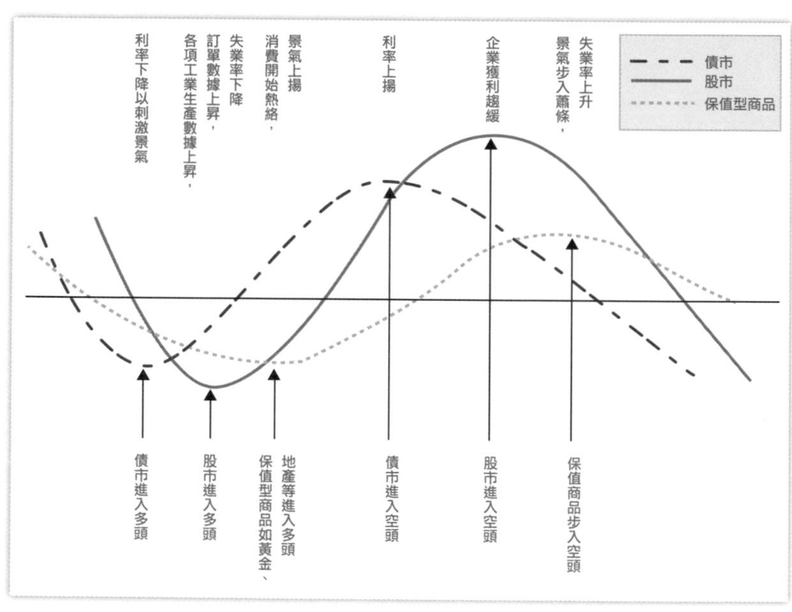

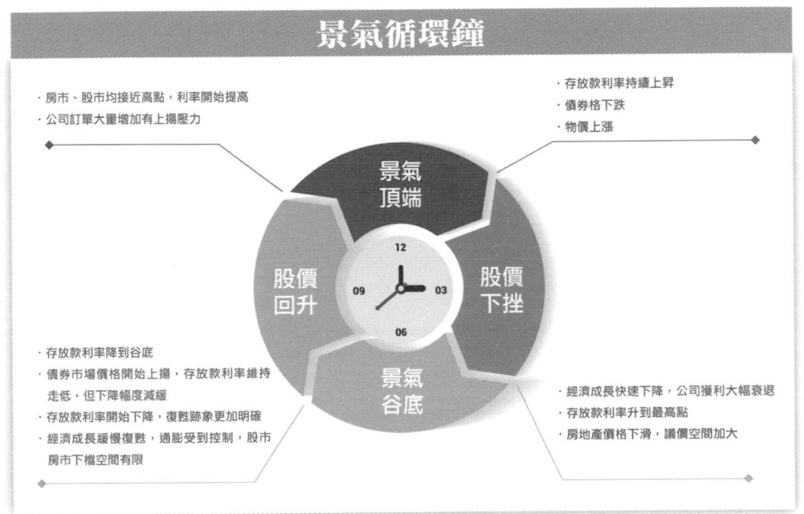

第三層保護，免於系統性風險，全面性的資產減損，市場要出現系統性風險的機會並不高，但只要來一次就會讓你欲哭無淚，系統性風險（Systematic risk）又稱市場風險或不可分散風險，是影響所有資產的、不能通過資產組合而消除的風險。這部分風險是由那些影響整個市場的風險所引起的，例如：戰爭、自然災害、能源危機、景氣或政策調整…等。我們無法預測系統性風險何時會發生，只能以預防的方法來盡量減少虧損，最佳的保護策略就是反向或避險的標的，比方說，目前台股在9000點之上下震盪，不管未來景氣是持續熱絡或是法人全面買超，台股在過去在9000點以上的比例不到20%，也就是有80%下跌的機會，你既不想遇到重挫但也不想錯過萬點行情，以往我們可能透過減持股票來因應，但現在你可以透過股市反向的商品來進行「反向保護」，有漲繼續賺，有跌也有獲利來源，有些投資機構選擇期貨、選擇權來進行避險，對一般投資人來說，延伸性商品是比較難避險的，因為每月結算、價值隨時間減損的特性，不是一般人都能操作的來，透過反向的商品，不會有結算的壓力，與多頭部位呈現正三角+倒三角的配置，可以讓資產更有效率，也可以預防系統性風險發生時的大量虧損，但是要提醒投資人，反向的指數商品都是以期貨為主要組合標的，反向產品是以每日結算作為資產結算的基礎，如果投資人要長期佈局，遇到標的區間震盪會產生價值減損，所以取利的目標要放在大波段的下跌，而不是只賺個1~2%指數波動，目前國內反向產品大多是股票指數產品，未來將會有更多商品反向、債券反向、利率反向的商品問市，投資人可以配置的範圍將更加寬廣，這部分的避險策略，投資人也應該和專業的機構充分瞭解再進行配置。

每日重設—在盤勢大幅度震盪時不利反向ETF表現

日期	指數	指數日報酬率	-1倍反向投資組合價值	-1倍反向日報酬率
T	100		100	
T+1	125	25%	75	-25%
T+2	100	-20%	90	20%

指數累績報酬：0%

投資直覺：0%
實際情況：-10%

投資直覺定義：投資人容易以連結指數的累積報酬率來判斷對應的反向ETF的累積報酬率。上述例子中，當指數從100先漲後跌到100的累積漲幅為0%，反向ETF的累積報酬率的投資直覺容易為 0% × -1= 0%。

「現金增益」：多賺一分利、多掙一些錢！

現金增益字面上很清楚，但你可能不知道對你的影響性，你有想過有可能什麼都沒做，但是帳戶裡面就是多了100元嗎?你可能會認為天方夜譚，這麼好的事怎麼沒人說?其實，我們都一直在做，只是你不想、或不知道怎麼做，很簡單的，你的銀行帳戶裡有多少錢?10萬、20萬?當錢多到了一定程度，你會去投資、放定存、還貸款…等利用，先不管有風險的投資，你把錢拿去放定存，會生利息，拿去還貸款你可以少付利息，這就是短期看不到的增益，但是現在要跟你談的是”現金”增益，所謂的現金是有高度流動性、要用馬上有的資金叫做現金，定存嚴格來說算是現金可以馬上解定存，但是利息需要打折扣、外幣定存甚至提前提領不會有利息，哪有高流動性又可以生利息的增益產品?當然有就是「貨幣市場基金」，這樣講你或許認為，貨幣市場型基金是有利息但是又不是現金，也無法馬上領馬上有，是的，沒有錯！過去是這樣，但未來並不是這樣，因為數位金融的創新，讓我們不需要提領現金就可以消費，透過電子支付食衣住行都可以支付，也可以轉帳、發紅包…等，只要對方也設定了電子支付的系統，我們的口袋裡就不需要有現金，所以流動性的問題就解決了；另一種重點是利息，我們放眼望去，所有金融商品中，能夠幫你生利息又能即時結帳的產品，除了存款之外就是貨幣市場基金，而現金存款分為定存及活存，定存是短期不能動，活存的利率幾乎微乎其微且是季結或半年結算一次(這期間錢提出來又存回去幾乎沒什麼計息的空間)，以使用的體驗來說是不及格的，所以如果你把銀行裡的活存餘額50萬放到貨幣市場基金(以目前年收益大約0.35%左右)，你一年就可以生出大約1,600元的利息，每天大約會多出4~5元，增加的金額每天都會看的到，現金增益的效果讓你有感，若您是選擇人民幣定存那收益率會是台幣的6倍左右，所以每天增加的金額換算回台幣約30元左右，你想想是不是什麼都沒做，口袋就多出了一些錢?過去你傻傻的把錢放在銀行活存，這幾年來你少增益了多少錢您知道嗎?

其實上述的現金增益作業，就是我們熟知的阿里巴巴的「餘額寶」與「支付寶」的關係，所以在當年餘額寶一推出立刻受到廣大用戶的回響，在短短不到一年的時間，餘額寶的規模最高突破8,000億人民幣，這並不是收益高低的問題，而是現金增益的概念，目前在台灣仍然沒有這樣的機制產生，但是國內本來就存在貨幣市場基金，只是過去貨幣市場基金的買回付款時間需要T+1，執行確實無法像現金那樣使用，但目前國內已經有業者正在默默地從法令、技術層面上去突破，相信很快就看到，不管會不會有台版的餘額寶，在此要跟投資人溝通一個觀念，以往現金帳戶與投資帳戶是分開的，現金帳戶必須考量流動性，所以沒有利息是理所當然，但如果兩個帳戶可以結合或者快速的流動，你的現金帳戶不僅保有高度的動性及應用功能，也可以透過理財產品生出孳息，雖然整體報酬率不大，但是長年累月下來，也可以幫助你增加資產，更不用說配合數位金融帶來的便利性或其他使用優惠。

另外，還有一個相當重要的帳戶，沒有增益也是相當可惜，就是你的股票交割帳戶，股票交割帳戶通常都會保

投資理財	儲值串接	支付工具
• 無風險基金投資，提供高於活存的利息 • 投資理財規劃元件，轉申購高波動基金 • 其他投資商品資金暫存商品	• 提供儲值金串接成為創造提供利息的產品優勢 • 現金取代產品，吸引銀行流動資金	• 運用獨有的金流條件成為支付工具 • 結合現有零售平台成為無現金付款的工具

有一定的現金，可能是交割股款後剩下的，也可能是賣掉股票後，在等待購買下一檔股票前的暫存資金，由於這筆錢與自己的金融信用相當有關，所以許多股票族會多放一點錢或先不動這筆錢，但是你有問過股票交割帳戶的利息是多少?這一筆錢乾放著，也是沒有效率，當然我們並不是強調為了賺一點點的利息而轉去執行投資商品，萬一資金流動出現問題反而對自己造成困擾，最好的解決方案是，當股票賣掉或者是有餘額的時候直接買入類似貨幣市場功能的股票，具有孳息及高流動性，甚至可以跟股票交割是無縫接軌，所以「貨幣市場ETF」似乎是不二標的，在對岸這種產品也是近年才出現並大行其道，快速股票交割轉換及變現的特性，又可以讓暫存的資金生出利息，與前面提到的現金帳戶概念相同，也是您重要的現金增益管道，如果依這個邏輯，你也可以好好的去想一想，你的暫存資金在哪裡，能不能創造出額外的收益，將現金增益的精神發揮到淋漓盡致，幫自己多掙一些錢，你也是理財高手。

「匯率避險」：您的收益被匯率吃掉了嗎?

你關心匯率嗎?匯率跟你有關係嗎?也考驗著你夠不夠國際化喔，現在不出國門的人很少了吧，當我們要出國前我們多少都需要去銀行兌換他國的貨幣，大多是因為在當地使用而需要兌換貨幣，在兌換貨幣時你可能知道各銀行的匯率不同，也可能不知道，但你應該知道與銀行換匯的買價/賣價不同吧，你也應該知道換匯的時間點不同價格也會不同，這裡與你分享一些小方法，讓你有機會換到比較好的匯率。換匯不一定是牌告價，透過櫃台或好的服務人員，換匯時會跟你報告目前的匯率，你可以多問一下這樣的匯率是好或不好，或者告訴櫃檯你是經常往來的貴賓客戶，或許會給你優於牌告價的匯率，但是若你兌換的金額沒有很多，特別是流動性大的貨幣如，美元、日圓、港元

、歐元…等，其實買賣價差並不大，你可以換到比較多的錢也會有限，所以也不需要為了幾十元台幣浪費時間。

回到匯率避險的議題，從生活的應用面來說，如果你經常前往某個國家而持有該國貨幣，你感受到匯率價差會是在換回台幣的時候，而你在該國家使用當地貨幣的當下，你應該是無感的，除非這一段期間匯率變動太過導致當地的物價產生波動，你才會有直接的感覺，而持有當地貨幣的這一段期間你可以選擇什麼都不做，讓匯率上下波動到換回台幣時(我們可以稱為結算時)再來看匯率的影響是造成資產縮減還是增加；舉例來說，前年下半年(2014)因美國停止QE市場預期美國升息，造成全球資金引發回流成熟國家的警訊，全亞洲新興市場的貨幣急貶，台幣從1美元兌換29元新台幣貶到32元新台幣，印尼盾從1美元兌換100萬印尼盾貶到1美元可兌換145萬印尼盾…等，都會造成進口物資快速上漲的影響，但是對於持有美元者來說，在當地的購買力大幅增強，所以若持有印尼盾的人來說，原本可以在峇厘島吃一餐的錢，可能只剩喝一碗湯，但是持有美元的人來說，原本只能住4星級的飯店，卻可以升級到住5星級，這個感覺對於喜歡去日本的人來說也是印象深刻，從去年初開始，日圓持續因為量化寬鬆及政策引導下，日圓從原本的1美元兌換90日圓貶到1美元可以兑換125日圓的相對歷史水準，台灣人也因此受惠，1日圓原本可以換到0.3新台幣變成只能換0.25新台幣，所以也引發台灣人到日本掃貨的效應，但隨著日圓回到到1美元兌換100日圓的此時，讓許多台灣人感到扼腕，因為同時間新台幣兑美元的升幅不如日圓，所以台灣人對日本的購買力大減，相對來說去日本旅遊的熱潮也相對退燒。

上一段文章試著以生活相關的例子來說明，你應該就會比較瞭解匯率對於”購買力”的影響，在投資理財來說，購買力等於你的資產價值，如果你有投資外幣的理財產品，匯率對你的影響就會更大，因為你的資產是以外幣計價，而新台幣又是你資產計價的基礎，所以新台幣與你的外幣資產有很大的關係，以美元來舉例：

假設開始投資 100年1月1日，1美元可兌換30新台幣
真厲害基金 淨值10元(USD)
投資金額30萬新台幣(換算美金一萬元)取得單位數1,000
持有至101年1月1日，1美元兌換33新台幣(貶值10%)
真厲害基金 淨值11元(USD)
在單位數沒有變動仍是1,000，以美金計價來說，總資產為11,000(USD)
上面來看，獲利是10%，美金計價資產也是增加10%
但是，若此時買回此基金並換回新台幣，則可換回
11,000(USD) * 33(USD：TWD) = 363,000 (TWD)
所以實際獲利為：(363,000-300,000)/300,000 * % = 21%
(以上舉例在不考慮手續費...等交易成本下)

21%！是的，基金只有漲10%，但是換算回台幣卻是賺到21%，相同的狀況也會發生在外幣存款上，所以當我們去銀行開外幣帳戶執行外幣定存理財時，也有可能產生匯、利雙賺的情形，但也可能獲利被匯率侵蝕掉的情形，尤其是以台幣計價的海外固定收益投資，這情形更加明顯

，因為固定收益的本來就是以債券投資為主，個位數的收益率很可能被匯率完全吃掉，我們以下面的淨值走勢圖更能清楚的呈現：

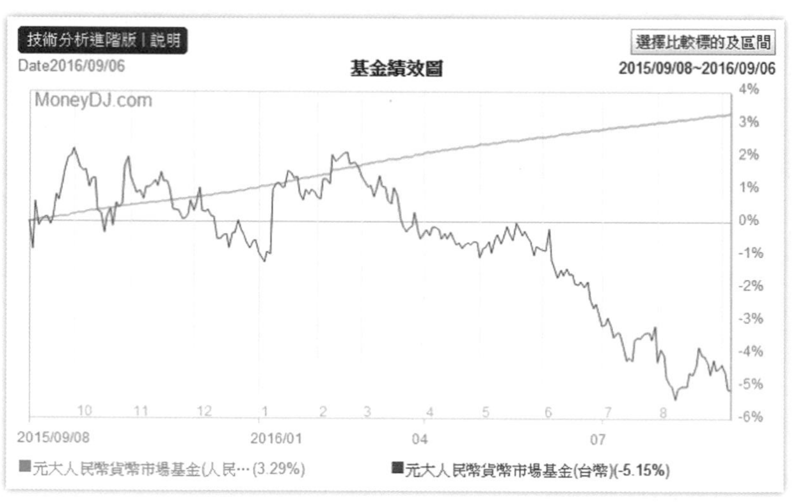

上面的圖可以很清楚的看到，同一檔基金因為不同幣別(藍色是原幣、紫色是新台幣)績效表現卻是天壤之別，從成立到結算，原幣計價的獲利為3.29%，新台幣計價的話是虧損5.15%，其主要原因就在於這段期間新台幣相較於人民幣是升值，所以才造成新台幣出現虧損，或許你會說，早知道就買人民幣級別就好，但是你這樣想也是錯的

，因為當你真正進入結算，你把人民幣換回新台幣時，你一樣會承受幾乎相同的虧損，因為人民幣相對於新台幣還是弱勢，除非你逃避現實不換回來，當然帳面上是不會有虧損。

所以，前面描述了這麼多情境，不管你是持有外幣、投資外幣產品或生活消費上，貨幣匯率的波動都會有全面性的影響，當然這表示台灣目前已充分的國際化，那我們如何做到匯率的避險?當然要先找到工具，對於一般投資人來說，要找到匯率避險的工具並執行其實是有點難的，以美元來說，美元指數是我們對於美元強弱的參考指標，但是卻難以投資更說不上有策略，但是卻有替代性的產品如美元貨幣市場基金，但是像人民幣或歐元、日圓、澳幣..等，此類的商品就更少，其他雜幣就更難找到；投資貨幣市場基金除了有匯率波動的因素外，當地市場利率算是加值功能，當然貨幣市場基金只能”做多”此貨幣，若已經持有美元資產要進行避險策略的話，應該是要找到與美元貨幣反向的產品來避險，此時黃金ETF就派上用場，元大投信發行的元大標普高盛黃金ER單日反向1倍期貨基金，可進行融資券操作來避開美元的波動風險。

總結來說，國內投資人對於匯率避險雖然常常聽到，但是在實際運作上卻仍是相當陌生，一方面是產品還並不齊備，一方面是台灣人習慣做多的習性還需要時間調整，在此我們強調的並不是投資人要去放空，而是要跟投資人傳達要學會”避險”，匯率的波動並無法讓投資人賺到大錢，但是卻會對資產產生種種的影響，如何減少甚至規避影響進而達到增益，這些小細節投資人都要注意，本章節，從資本保護、現金增益再到匯率避險這三個議題來切入，主要是要告訴投資人過去投資效益無法彰顯的原因，而這些與你過去投資就想要獲取市場超額報酬的想法有所不同，不管你是波段操作、長期投資、資金規劃或退休管理，都要懂得運用現有的工具去進行適當的組合，還是強調先求不傷身體再求療效的資產運作模式，每次出擊不僅保障資產安全，更能多賺個幾%，長期累積下來，你的資產成長幅度就會大幅超越身邊的人與你的預期，這些方式也是身邊的理專或市場看到的訊息不會提到的，這就是元大投信提倡的3C資產管理策略。

全方面的資產增長規劃

獨家提倡3C理財概念，資本保護(Capital Protection)、匯率避險(Currency Hedge) 跟現金增益(Cash Enhancement)，我們提供全對應的產品，您可以自由組合需和您階段需求的模組，增長您的資產。

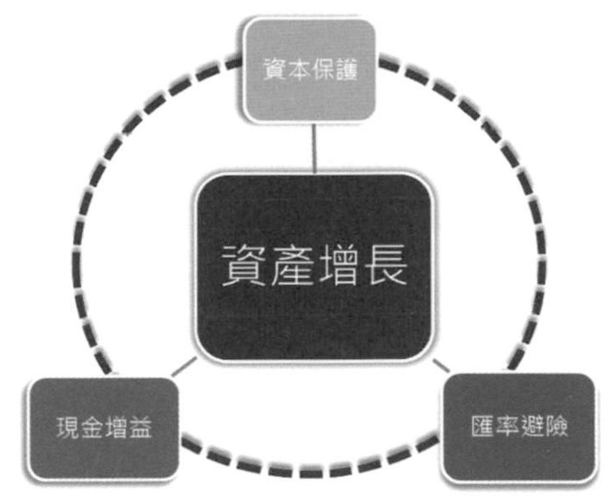

第四章 基金何以是資產的基本需求

共同基金原本就是專為一般投資人設計的產品，共同基金能幫你投資一般投資人無法碰觸的門檻如高價股、債券、海外股、外匯交易…等，但是隨著金融投資技術的進步，產品越來越多元，功能也越來越齊全，2003年0050(元大台灣卓越50基金)的推出讓台灣基金市場出現了主動與被動的分類，讓一般投資人接觸到了”指數”投資的領域，2008年台灣出現了期信基金的分類，造就了商品、黃金、正向2倍及反向ETF的投資，現在元大投信再運用數位金融將基金帶入了貨幣的領域，也正式把基金與資產充分的結合，而投資人也將可以把無增益效果的現金資產，透過基金貨幣的概念轉化成具現金增益的資產，接下來的步驟，不僅會改變你帳戶裡的現金，連你的生活資金使用習慣也會逐漸改變。

新的基金的分類方式改變您對基金的認知(傳統、另類、基金貨幣)

以往我們看到基金的分類方式無不以投資的項目或者區域來區分，但是前面有提到主動與被動的區分，其意義在於帳戶的不同，一個是基金帳戶、一個是股票帳戶，隨著金融科技的發展，我們各個帳戶之間的區隔逐漸淡化，帳戶與帳戶之間出現了橋梁，一般投資人可能感受沒那麼強烈，但是我們以今年快速發展的反向ETF你就可以很清楚了瞭解，以「元大台灣50單日反向1倍基金」來說，主要的投資標的在台指數期貨，透過期貨或選擇權的衍生性商品，來創造與大盤逆向的報酬表現，這個產品嚴格說起來是基金，但是在股票市場交易，追蹤的標的是台灣50指數，而投資標的是期貨及衍生性金融商品，所以投資人買了這一檔基金，創造了股市成交量也累積了期貨持倉的部位，

所以當基金的規模越來越大，股票成交量也就越來越多，基金持有的期貨放空持有口數也就越來越多，相同的，在期貨對等交易的情形下外資多單持有口數也會越來越多，從下表觀察就可以看出明顯的變化：

2015/1/05~2016/09/12 資料來源:CMoney

2015/1/05~2016/09/12 資料來源:CMoney

所以，從上表發現，因為「元大台灣50單日反向1倍基金」規模越來越大，需要持有的空方未平倉量就越大，連帶的也引發外資多單持有口數越大，這就是各帳戶間因為不同產品成為橋梁，所引發的效果，所以這邊要強調的是，產品功能越來越明顯，但是各帳戶投資標的的區隔逐漸被淡化，尤其是共同基金，以前是股、債市場，現在只要可以將資產分割成單位數放到初級、次級市場交易的標的，都可以轉化成一般投資人可以投資的工具，所以我們要用新的衡量標準來判斷基金，而不只是以往的分類:

傳統基金資產：

傳統基金資產指的就是股票基金、債券基金、平衡基金、區域基金、產業基金、單一國家基金….等，這一個分類的基金，我們又可以用報酬率或波動性來區分，也是我們常見的分類方式，更簡單來說，就是單純做多的基金種類，雖然做多的循環可以有所不同，所以我們可以用循環的時間差及波動度來進行資產配置，主要的獲利來源可以是資本利得或孳息，這一類的基金在國內發展已經超過20年，發行檔數也相當多，境內外基金相加幾乎超過了2,000

檔，這部分你可以參考「做自己基金的主人」這一本書，在此不多篇幅的介紹。

另類基金資產：

由於共同基金天生有只能做多的缺憾，在資產配置上往往還是都放在同一個籃子裡，所以因為市場環境變化、利率、匯率變化引發的股債市波動，應該要有其他的解決辦法，隨著共同基金可以投資市場的增加，共同基金已經不只能單純做多或只是股債投資的理財產品，若可以透過期貨來進行避險，甚至多空的趨勢操作，對資產增益的效能將大幅提升，下面就針對在國內可運用的產品類別進行介紹：

期貨基金資產：

在台灣的期貨基金從2009年開始發展問世，當時首檔期信基金就引進了海外知名的MAN AHL Diversified plc，在台灣以期貨組合基金的形態存在，然後再直接投資MAN AHL。另一檔元大多元策略期貨信託基金，由國際級CTA管理機構亦為該基金顧問公司Aspect管理，這兩檔基金我們可以簡稱

為CTA基金(Commodity Trading Advisor)，即商品交易顧問基金，歐洲稱為管理期貨基金(Managed Futures)。

CTA為期貨信託基金一種，與傳統共同基金大不相同，它以期貨契約為主要操作標的，多空雙向操作，可交易期貨與選擇權契約種類高達360種，交易範圍涵蓋八大類商品。

許多投資人會把CTA看成是避險基金，其實不然，CTA具有多空雙向操作、追求絕對報酬、多元資產連結等三大特性。就資產類別來說，CTA屬於另類資產，報酬/風險特性與股票、債券、商品&房地產均有所差異；另外，就操作方式而言，CTA採取計量式操作亦與傳統的主動、被動商品有所不同，因此不論就資產類別或操作模式來說，CTA均迥異於現有產品，為台灣民眾投資組合欠缺的一塊拼圖。

我們以這一檔基金來舉例說明，從下圖可以看的出來，該基金投資範圍很廣從長短利、匯率、能源、商品、股權…等，舉例來說，當系統發現美元強勢趨勢成立，就會找出適當的標的如美元指數期貨來做多佈局，也有可能同時去放空歐元，而佈局的期貨又有近期跟遠期的組合來達到長期追蹤、跟隨的目的，像這樣的投資組合就不是一般

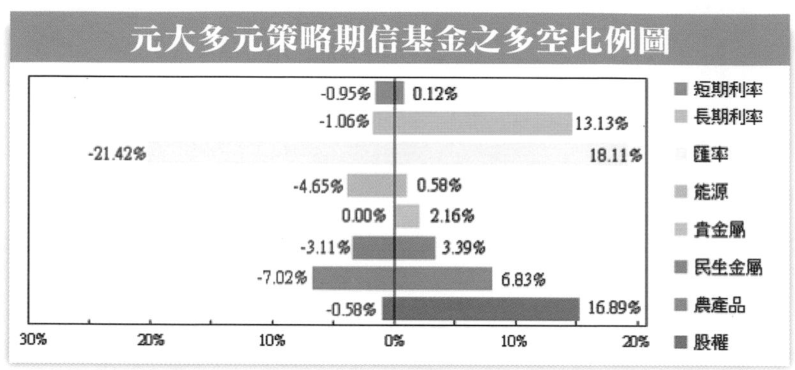

資料來源:元大投信 2016/9/12

元大多元策略期信基金之多空比例圖，為該基金於八大資產之多空部位風險(即多空部位之VAR值)，佔整體部位風險(即整體部位之VAR值)之比重。其用以表示該基金八大資產之多空部位對整體部位損益的影響程度。

人可以執行的，因為期貨是具到期性高風險的投資，基金資產會考量近遠期的價差進行適當的轉倉以維持基金資產的持續性，所以許多投資人對於期信基金的誤會在於風險大或到期資產歸零的錯誤想法，其實期信基金不但利用期貨進行趨勢操作，更可以達到資產增益的效果。

CTA主要的操作策略是由經理公司開發趨勢發現的交易系統，當市場出現明顯趨勢就會進行多空佈局來爭取報酬，所以這一類的基金很容易在市場下跌時有突出的表現，因為純做多產品資產虧損時，這檔基金就有機會產生獲利，而多頭時也因為趨勢操作賺到報酬，成為我們在進行資產配置時，除傳統資產外的最佳便利選擇。

台灣發的期信基金列表

基金名稱	成立日期	投資標的
元大多元策略期貨信託基金	2010/9/7	本基金投資地區為全球經金管會依期貨交易法第五條公告期貨商得受託從事之期貨交易及核准非在期貨交易所進行衍生自貨幣、有價證券、利率、指數或其他商品之期貨交易。
康和多空成長期貨信託基金	2013/12/6	本基金主要投資於全球期貨交易及國內有價證券
國泰 Man AHL 組合期貨信託基金	2009/8/27	期貨信託事業、證券投資信託事業或外國基金管理機構所發行或經理之受益憑證、基金股份或投資單位
元大商品指數期貨信託基金	2009/12/10	中華民國及外國之期貨交易係指經主管機關依期貨交易法第五條公告期貨商得受託從事之期貨交易及經主管機關核准非在期貨交易所進行衍生自貨幣、有價證券、利率、指數或其他商品之期貨交由其他期貨信託事業所發行之期貨信託基金受益憑證或外國基金管理機構所募集或經理之期貨信託基金。
元大黃金期貨信託基金	2010/11/4	本項所稱中華民國及外國之期貨交易係指經主管機關依期貨交易法第五條公告期貨商得受託從事之期貨交易及經主管機關核准非在期貨交易所進行衍生自貨幣、有價證券、利率、指數或其他商品之期貨交易。本項所稱期貨相關現貨商品係利用黃金存摺方式所投資黃金現貨

在列表中，你還可以看到商品及黃金期信基金，這兩檔基金是以商品資產為出發點，算是國內很獨特的共同基金，當你將商品資產放入組合中，你就覆蓋了利率、通膨、匯率、景氣循環…的領域，當景氣趨緩、美元強勢，原物料價格通常都會因實質需求或投資需求的因素而漲跌，所以商品期信的基金產品，可以幫您補足股債資產以外的缺口。

元大商品指數期貨信託基金

國內第一檔追蹤商品指數之期貨信託基金，直接投資全球24種商品期貨，投資報酬為商品價格報酬，非一般共同基金為公司股票價格報酬，與商品相關性高，充分掌握商品價格脈動並分散單一商品類別風險。操作策略採用指數化策略，將本基金於扣除各項必要費用之後追蹤標的指數，原則上，儘可能複製標準普爾高盛綜合商品指數成份期貨之權重，運用最佳化方法管理資產，以追求貼近標的指數之績效表現。

元大黃金期貨信託基金

黃金基金大家都很熟悉，但是很少人搞得清楚手上的黃金基金是買什麼標的，以為黃金價格漲黃金基金就應該漲，其實這是錯誤的想法，目前市面上的黃金基金幾乎都是投資黃金礦業相關的公司，可能是採礦公司、可能是機械或是通路商…等，跟黃金價格只能算是相關，但跟黃金價格的漲跌卻是兩碼事，而元大黃金期信基金是與黃金價格有高度關聯性的投資標的，經理人會投資黃金商品期貨、貴金屬商品期貨，以追求貼近於黃金價格的報酬表現，講白一點應該比較類似於黃金存褶的投資，不同在於黃金存褶可以兌換實體黃金，黃金期信基金則以基金單位數的方式存在，所以黃金期信基金的持有成本相對於黃金存褶要低一些，也沒有稅賦上的考量。

投資黃金的目的是什麼?除了以原物料實質需求的投資外，另一個很重要的功能就是貨幣投資的互補性，長久以來，黃金一直都是實體貨幣的一種，雖然美元取消”金本位”的貨幣計價方式之後，黃金與貨幣的關聯性不若以前直接，但是黃金仍是各國央行儲備資產的重要標的，因為黃金有限及不可取代性在貨幣大幅波動下，就會彰顯出穩定及避險需求，也因為黃金的存量是有限的，貨幣又不斷被供應，黃金長期的價格就呈現一路上漲的趨勢，從長期來看，黃金是抗通膨的投資產品，短期來看，黃金是全球主要貨幣的避險標的，如美元趨弱則黃金價格就會上漲、英鎊因脫歐事件大貶則黃金價格就會大漲，所以黃金常被投資人作為貨幣避險的重要工具；這裡需要強調，黃金並不是一家公司，黃金每年不會有盈餘，黃金也不會孳息，所以對一般投資人來說黃金並不能是核心持有的標的。

槓反ETF資產：

槓反ETF資產在台灣是近兩年才發展出來的產品，目前都以股票指數為追蹤標的，多方為2倍、空方為1倍，投資的標的從國內到海外股票指數都有，只要是台灣熟悉的指數現在沒有，未來也會陸續的冒出來，槓反ETF的操作方式與ETF相同，看好就買做多2倍、看壞就買做空1倍，看起來雖然只是方向性的問題，但是在投資的實質意義上不僅如此；舉例來說，以做多2倍的產品來說，投資人用100%的資金產生2倍的報酬效能，以往股票槓桿做多只能以融資買進或衍生性金融商品買進，但是這種方法一旦看錯都會有被迫結算的風險，融券做空或其他方式放空也會有強制回補或結算的時間壓力，但是槓桿型的ETF並不會有這樣的困擾，更利於投資人進行趨勢操作，雖然，槓桿型的ETF是持有每日結算的機制，對於持續震盪的走勢不利於淨值表現，但是若投資人用正金字塔或倒金字塔平均成本的做法，在賺取指數多空時則更容易達到目標。

以0050兩倍正向及一倍反向來舉例，我們從過去台股的走勢經驗來看，9,000點以上多是歷史高點，5,000點以下都是歷史低點，所以我們可以選擇在5,000點以下開始累積多頭部位，9,000以上累積空頭部位，當趨勢形成後就順勢慢慢的出脫持股，所以當在指數極端的兩邊持有的股數是最多的，也確保成本是在相對低檔，其實這不是很難的道理，已經有多人在執行囉，所以前面也就提到T50反一的規模越來越大的道理，許多人在此時已經做好避險的準備

，當然要執行這樣的策略，前提是投資的標的不會有強制回補或被斷頭的情形下，所以槓反ETF的產品就相當適合這樣做。

雙邊蹺蹺板投資策略：

上面提到單向的做多或做空方式，其實如果投資人有比較長期穩定的資金，還可以執行雙向都做的蹺蹺板策略，把兩個單向合成一資產的方式進行，如果多空的比重剛好調整到1:1，綜合損益看起來剛好會相互抵消，但是如果把虧損的一方持續持有，賣出獲利的一方，甚至把賣出一方的成本轉買虧損的一方來降低成本，等到指數再回到原點，第一個是先前的獲利已經入袋，另外一個往下攤平的部位也會產生獲利，就形成兩頭賺的的效果，就是這裡提到的蹺蹺板投資策略。

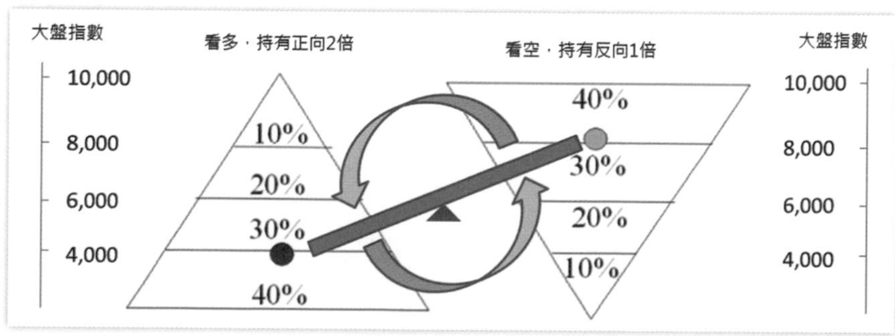

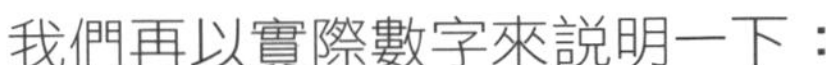

我們再以實際數字來說明一下：

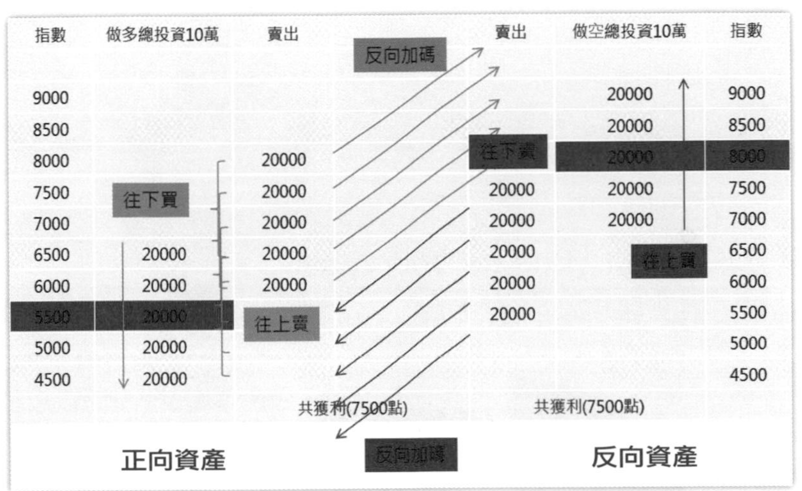

上表是以7,000點為中心，每500點進場一次，在每一個進場點都有買進，只是標的正反向不同，當指數高/低過預期就把獲利的一方賣掉，並考慮轉進另一方，若規律的執行當遇到一波完整的市場循環時，兩邊都可以產生獲利。

上面的方式符合台灣人買入持有的操作習慣，但是又不用擔心只會做多不會做空的缺點，也沒有衍生性商品的複雜操作規則，值得投資人充分的運用。

資產融合規劃Hybrid for Your Asset

元大智能理財融合多元資產配置達成您的理財需求，傳統基金追求超額獲利，另類資產強調避險增益，貨幣資產提供穩定與匯兌收益，三者融合才是您完美的資產配置，也只有在元大投信一站購足。

基金貨幣的發明與實現

延續上一個章節未提到的貨幣資產，其實這一個很重要但是常被乎略的資產，因為貨幣的收益率低，加上一般人持有貨幣大多為了現金支付使用，所以對於收益並不在乎，在機制上收益並不是貨幣主要的功能，反而流通才是貨幣存在的意義，但持有貨幣是資產的一個主要的比重，除了房地產之外可能貨幣是多數人第二大的資產，既然如此，如果貨幣可以增益那對於資產的幫助會很大，只是因為流通性的需求，所以貨幣很難去進行再投資，避免資產的流動性出問題，就像明天要用的錢，今天不會把錢拿去買股票的道理一樣，但是這是以前的觀念…

因為行動數位化的發展，我們的資產逐漸以數位化的方式去呈現，在數位化的過程加上行動網路的普及，資訊傳輸與安全規格的提高，我們可以開始透過網路轉帳、購物、查詢帳戶餘額…等金流動作，所以資訊管理沒有問題了，現在就是貨幣增益及流動性的問題，放眼望去，在所有投資標的中，可以保有流動性又可以增益效果的產品，就僅剩下活存及貨幣市場型基金，活存的收益率低到幾乎無感，貨幣市場型基金最快的付款時間是T+1個交易日，對於現金貨幣的使用習慣上仍有不符，總不能我們去百貨公司買東西隔天才付錢取貨吧，但是這個問題並不難解決，只要從T+1進化到T+0就可以解決這個問題，在對岸因為網路交易金額龐大使用人口眾多，所以就催生了從「支付寶」發展出「餘額寶」的完美結合，也就是把第三方支付的餘額轉投資T+0付款的貨幣市場型基金，這個創舉也順利將「數位現金帳戶」與「投資帳戶」串聯起來，而數位現金帳戶及投資帳戶又各自與實體現金帳戶是相通的(扣、付款綁定帳戶)，所以等於是把現金帳戶、數位帳戶、投資帳戶全部打通，所以基金投資人與消費使用者原本隔開的界線就打破了，既然如此，我們可以大膽的說，基金雖然是一種投資商品，但是因為符合流通的特性，我們可以利用數位化的過程，讓持有基金的資產變成可以動用的現金，所以基金持有的單位數其實可以換算成現金，就形成了我們所說的「基金貨幣」的觀念。

如果我們把這個觀念在繼續延伸，前面提到另一個重要的股票帳戶，也可以用來實現增益的效果，試想，我們買進股票時需要把現金存放在指定的交割帳戶，交割的當天你的交割股款就會被銀行扣走，你的資金轉到投資的領域且無法動用 (當然你可以透過股票質押換回部分成數的現金，但此時你要承擔股票的跌價風險、質押融資的利率成本，雖然提高資金效能但是不符合成本效益，在此不多討論) ，當你的資金從股票賣出轉入現金帳戶之後，你的交割結餘款在等待下一檔投資機會出現之前，這筆錢是放在銀行帳戶不動的，這段期間如果你能買進貨幣市場基金賺取增益，反正放著也是放著何樂而不為；但是畢竟基金帳戶與股票帳戶是不同的帳戶，若要回頭交易股票時，就要算好基金買回入帳的時間是否能符合交割時間，對投資人來說相對麻煩，而且資金匯來匯去也會有成本，這時貨幣基金ETF就可以解決你的問題，股票賣出時直接再買貨幣基金ETF，要買股票時再賣出貨幣市場ETF，你的資金不需要停泊在現金，直接透過股務系統進行交割，停放貨幣市場ETF的這段期間，你一樣能享有貨幣基金的收益，尤其是休市日照樣計息，也不會影響到股票交割的時間，以上提到這兩點，一個是基金產品與支付去串接變成類似貨幣的流通效果，一個是股票交割餘款換成貨幣市場ETF進行更有效率的應用，都是把基金產品當成是貨幣的另類做法，這中間的共同點都是需要大量的數位金融應用及作業、產品上的突破，對一般投資人來說都是有利且方便的方式，也把生冷的基金產品往生活應用上拉近了一大步，在對岸這一類的產品受到投資人廣大的認同，在對岸打這一類產品統稱為”現金管理”產品成為一股風潮。

數位化的基金平臺快速發展

網路申購基金並不是什麼新鮮事，幾乎所有的基金銷售通路都有自己建置網站及基金交易的平臺，但是基金申購卻比較少有APP，為何會如此?主要因為基金交易並不如股票來的即時，基金基本資料公佈內容相當多，也很難在手機小畫面中呈現，另外，基金銷售管道所需揭露的警語相當多，讓設計者傷透腦筋，但最主要的原因還是在於基金交易頻率似乎還沒有非行動化不可的地步，如果只是單純的基金單筆申購與定期定額，當然網站交易平臺就足夠了，但是如果我們把基金與生活綁在一起，那就有很大的差別。

以往我們投資基金看區域、看市場、看景氣循環，基金要的是區間投資報酬，但是未來基金與您個人的金融帳戶會有高度的連結，不管是電子支付帳戶或者是投資帳戶，共同基金兼具投資與現金管理的特性，將成為您投資帳戶與現金帳戶串聯的基礎帳戶，所以你每天可能都需要基金幫您進行資產轉移的管理，要投資就從基金轉出去，不投資就轉回基金帳戶進行資產增益，所以各類型不同功能的數位基金平臺會多樣化的發展，台灣人聽過但不熟悉的”餘額寶”就是另類的一種以支付為基礎的基金帳戶平臺，近期很夯的理財機器人目前也都以共同基金為基礎發展出來的平臺，元大投信也在2016下半年推出了「基金貨幣通」的平臺，主打免換匯但有機會賺到匯差及利差的基金平臺(稍後的章節會詳細的介紹)，所以基金交易平臺將逐漸跳脫您過去的傳統思維，從共同基金透過數位科技將與您的理財生活更加貼近，更密不可分。

當然數位金融平臺並不只是為了共同基金而發展，不管是股票、保險、匯率、轉帳…等都有許多的功能開發出來，結合社群、機器人、文字辨識、生物辨識…等多樣化的行動數位工具，但這些都與你的手機息息相關，所以可想而知未來這些服務要讓你隨時隨地的使用，不受時空限制的取得，而且跟你的生活息息相關，從科技應用的角度讓你在資產運用上更加便利，並且獲得好處，以前刺激你使用的想法已經過時，現在是要讓你真正能用得到，看得到也吃得到，這就是我們常聽到的FIN TECH。

圖表來源：世界經濟論壇

「理財顧問」與「自動化理財」解決方案

這兩年機器人一直都是很熱的話題，很多是機器人來做會比人來做要來的好來的快，例如精密工業組裝、大型機具操作等，以往機器人在工業上運用比較多，但隨著”智能化”機器人的技術逐漸突破，機器人逐漸朝互動化、服務性質靠攏，大家最耳熟能詳的”SIRI”(I-Pone的內建功能)，你可以詢問天氣、位置、資訊查詢甚至還可以打屁聊天，雖然還稱不上萬事通，但是智能回應已經逐漸做到不讓人感到冰冷，然而機器人跨到理財這個任務到底行不行?投資人的接受程度又到哪裡?在台灣理財機器人尚在發展階段但在海外其實已經是高度發展的產業，機器人理財服務(Robo-Advisor)的市場已經超乎我們想像…

市場研究機構A.T. Kearney預測，透過理財機器人所管理

的資產總額，自2015年將以每年增加68%的速度成長，於2020年達到約為2.2兆美元的總資產管理規模，其實機器人理財並不是在這兩年才出現，早在2008年就已經推出類似的產品，但是到2012年為止這樣的服務並未受到投資人的接納，但是到了2015年底全球機器人理財服務規模大約來到200億美金，已經有越來越多人採用理財機器人來進行投資理財，而目前歸納起來，理財機器人有以下幾個特點:

1.規劃前的需求諮詢：國外的理財機器人都會先透過幾個簡單的問題來得知投資人的理財需求或風險承受度，如年齡、收入、風險偏好…等，一般來說不會超過10個問題。

2.低成本、低管理費用、節稅考量：在海外若需要專業的理財專員服務，則需要收取顧問費、帳戶管理費、交易手續費…等，大約2~5%不等，這一點在台灣比較少投資人能夠體認，畢竟台灣的理專都以業務銷售投資產品為主，購買基金時手續費往往都有高額折扣，所以對台灣人的吸引力相對有限，另外，在國內專業獨立理財顧問制度較不健全，所以要像國外有全方位理財諮詢的機構相當少，能找到同時懂投資理財、資產配置、稅務的專業理財諮詢師就更少，再來一點，國內退休機制以勞保、勞退為主，尚未開放勞退自選平臺，所以一般投資人的認知也比較薄弱些。

3.以ETF標的為主要推薦產品：不論是美國、日本、香港、歐洲，多數的理財機器人在做完諮詢之後，多數推薦的投資組合多以ETF為主，主動式基金較少成為推薦標的，我想主要原因與成本及回測試算有關，因為機器人理財服務多以資產配置的理論為基礎，從配置及長期投資的概念來降低波動風險爭取報酬，而ETF追蹤指數的特性，較容易進行計量回測，另一方面ETF不僅成本較低也有節稅的功能，所以成為理財機器人的主要配置標的。

4.低門檻、行動族群：多數的獨立機器人理財顧問公司，目標族群都設定在低門檻的網路族群，因為這些千禧世代的族群對於網路服務、行動服務的接受度較高，對於網路金流的想法也較為理所當然，相較於面對面的服務有時反而感到厭惡，因此隨時可以解約、變更比較不受拘束的想法，正好符合機器人理財的特性。

5.快速得到服務及決策：前面提到要執行機器人理財服務前都需要填寫基本需求，所以這些問題數量或內容都相當簡單，由於理財是生硬且專業的問題，所以只要回答幾個簡單的問題，就可以即時提出資產配置組合，對於不懂投資產品的新鮮人來說，快速又方便。

但是機器人理財真的可以幫您賺錢嗎?在國外也有學者提出，機器人理財目前發展上在啟蒙階段，從2012年開始管理的這些資金還未遇到真正市場崩跌的可怕，但機器人不知道什麼叫”可怕”，當遇到非市場預期事件，機器人可能還是依照過去的數據經驗來執行投資，資產有可能會

隨著市場下跌，所以真正的考驗或者市場對於機器人理財的能耐似乎過於樂觀；但不管你能不能相信機器人理財，至少我們可以確認機器人理財基礎在於非人為的操控且投資成本相對低廉，機器人不懂”情緒”但至少他是”中立”，不會強迫推銷你不需要的產品，而且這些都是由公式演算出來的結果，每季或固定週期系統也會檢視資產的狀況來進行調整，在國內主管機關當然也沒有錯過這個熱潮，從機制及法令面也正在研究台灣施行機器人理財的可能性，雖然國內市場環境與海外不同，但是投資人需要理財是必要的，在數位金融的催生下，國內業者應該會在不久的將來推動符合國內投資人需求的理財機器人。

元大投信的「Yes！基金理財管家」可以說是市場理財機器人的先驅，「Yes！基金理財管家」提供多樣化的機制，可以說是具有理財機器人的週期性調整及追蹤功能，但是，「Yes！基金理財管家」並沒有提供資產配置建議，而是由投資人自行設定，主要原因是基金公司會以旗下主動式基金的交易平臺為主，前面也有提到這一類產品涉及到基金經理人操作風格，難以計量的方式歸納出基金表現；另外，ETF是投資人在次級市場(股票市場)進行買賣的標的，也不適合納入基金公司平臺進行交易，所以若無法確實登記投資人ETF持有價格就無法進行資產調整，所以也就是基金公司目前仍無法推出適當的理財機器人的原因，但是隨著法令的修改調整及投資人的接受度日漸成熟，未來以「Yes！基金理財管家」推出「Yes！機器人」也不是不可能！

第五章

基金革命催生的理財產品

今年流行的基金產品是什麼?應該是非ETF莫屬了，投信投顧公會公佈2016年8月底基金規模來看，今年以來國內指數股票型基金的資產規模來到了2,876億，較去年底的2021億增加了855億，比全市場增長量770億還要多，而ETF之所以規模大幅增長的原因歸功於槓反型的ETF問世，這裡面最受歡迎的產品莫過於T50反一(元大台灣50單日反向1倍基金，股票代碼00632R)，若來對照台股指數到8月底的走勢，指數收在9,068.85點，2015年12月底的收盤反而是在8338.06點，指數上漲對於反向產品更加不利，投資人卻是持續的投入，我們歸納原因並非投資人不肯認輸持續加碼，而是以避險的概念來進行配置，以往純作多的的心態已經改變，投資工具本質的使用及產品賦予資產的意義才是配置的重點。

類型	2015年底基金數量	2016/8基金數量	數量增減	2015年底基金規模(億)	2016/8基金規模(億)	規模增減
股票型	332	337	5	5,090	5,124	33
平衡型	51	58	7	914	1,014	100
類貨幣市場型	0	0	0	0	0	0
固定收益型	92	94	2	2,125	2,317	192
貨幣市場基金	58	59	1	10,092	9,606	-487
組合型	70	71	1	1,285	1,308	23
保本型	10	11	1	150	172	22
不動產證券化型	13	15	2	193	250	57
指數股票型	34	51	17	2,021	2,877	856
指數型	12	14	2	166	139	-27
合計(新台幣)	672	710	38	22,037	22,807	770

資料來源，投信投顧公會2016/08

高透明低成本的ETF大行其道

上一章提到了理財機器人多以ETF為配置重點，其中一點就是成本概念，ETF不僅是交易成本或持有成本都相較主動式基金來的低，主要因為全球市場利率環境低有很大的關係，當景氣成長速度緩慢、市場報酬預期降低時，投資產品的成本會是影響成敗的首要關鍵，沒有人會為了年收益率1％的產品去付出1％的投資成本，省下1％的持有成本就等於賺到了1年的定存利率，這道理再簡單也不過了，而ETF不僅交易持有成本較低，連周轉率也會低於一般主動式的基金，當然容易成為投資人的首選，另外高透明的投資機制也符合簡單易懂的市場環境，指數漲跌就是淨值的變化，買賣價格當然也就貼著淨值走，健全的ETF當交易價格偏離時就有造勢商會進場套利再把價格拉回適當的位置，投資人只關心趨勢不需要花太多的心思去管經理人操作能力，持有標的的買賣狀況，只要信任標的指數，自動篩選較適合成分股，操作上相對簡單透明。

另外，今年火熱槓反產品，除了也是跟隨指數之外，還多出了2倍報酬及反向的操作，雖然怎麼組合而成的報酬效果投資人一時無法100％完全理解，但是只要掌握ETF的特性就是跟隨指數即可，在此也要再與投資人強調，槓反的產品報酬並不能以”區間”來觀察跟隨指數的特性，而是要用”日”為單位，投資人可能會覺得其實要獲得兩倍報酬那就融資買進原型即可或者融券放空原型即可做到相同甚至更好的報酬，為何這類的產品還會大賣?其實道理很簡單，就是符合需求，因為融資券的機制是會被斷頭的、是要繳付費用的，但是槓反產品不需要，另外或者有投資人認為用期貨、選擇權來操作槓桿效果更大獲利越多，話是如此，但是期貨選擇權這類衍生性金融商品，是要每月甚至每週被結算的，有時間價值的因素影響，所以這一類產品是無法配置的，只能夠短打，但是短時間卻又容易受到籌碼的操控，而這卻是一般投資人最無法衡量的重要因素，而ETF可以被配置的門檻也低，所以會受到投資人的青睞，其實這就是符合投資人的需求，雖然一樣是做投資，但是實際的作法卻是很重要！

另外，ETF只能做股票指數的投資或保護嗎?其實不然，雖然投資人熟知的是台股指數、上證指數、道瓊指數…等，其實有很多不同類型的指數，能夠讓資產發揮更大的效用，如石油、黃金都已經成為ETF可以直接交易，等於是投資另類資產，與投資實體商品最大的不同是，流動性會比實體要好，交易成本也相對低廉，更不需要實體空間存放商品，所以隨著指數多樣化的發展，只要是可以找到對應的交易工具都有機會發展成ETF供投資人進行配置，還有一項與你整體資產息息相關但卻又更陌生的，如債券ETF、貨幣市場ETF…等，目前也已經進入了產品開發的階段，這類的商品更是扮演著資金暫時配置及資產組合核心配置的重要角色，短期你可能感受不到這些產品的重要性，但是未來這些產品必定也會有大量的資金追捧，你一定要特別注意。

現金取代的貨幣產品爆發成長

提到現金取代可能有許多人會想到黃金，從投資的角度來想是如此，但是若從日常生活來說，一定還有很多人無法接受，每天早上出門身上沒現金總是不方便，但是在我們大政府推動數位交易的政策下，無現金交易成為了熱門的話題，不管是非金融業者或金融業者，無不指向這塊大餅希望佔有一席之地，如果我們把現金交易全部轉成數位化交易，也就是出門不用帶現金，你口袋裡的現金就全部都要拿去存，這時你就會意識到，與其放在沒有利息的活存，還不如找產品增益，所以到時候那一句廣告語就會成真”不行！通通拿去做基金”！

在最低風險考量之下，取代現金的產品其實很簡單，短期用不到的、不需要流動性的可以進行台、外幣定存、或是買保險，可以承擔風險的可以買穩健或保守的基金、甚至藍籌股，需要流動性的可以考慮買貨幣市場型基金或貨幣市場ETF，在根據中央銀行統計，國內目前存款金額已經超過40兆台幣，活存的總量約莫在12兆台幣，所以當這12兆台幣全部要變成數位貨幣時，數位貨幣能夠串接的商機就非常的大，而最適合基金產品，就是「貨幣市場基金」了，但是基金產品的流動性規格能不能符合數位貨幣的需求?目前台幣的買回付款日為T+1日，外幣貨幣市場的付款日大約是T+2日，看起來並不能符合即時消費的規格，但是我們看到中國大陸，這一波以支付為基礎的生活應用，的確動搖了放在活存的資金，當消費環境越數位化，使用者就會愈來愈多，各類參與業者就會加碼推動，而連結增益的貨幣基金就需要更符合數位化規格走，所以最後不僅是T+0甚至即時支付也是有可能，這部分我們拭目以待。

除了生活支付應用之外，對於個投資產品間的金流也是相同的道理，前面已經提到了貨幣市場ETF，也是用這個道理，讓股票與交割金無縫的連結起來，貨幣市場ETF成為每個人都會應用的暫存工具，隨時機動投資也隨時享受現金增益的效果，這一類的產品有些需要全新發行、有些需要修改舊有規格，但是都需要數位科技的大力投入，產品本質並沒有創新但是作法跟應用卻是全新的市場！

匯率、利率增益產品逐漸抬頭

如果你每天有收看財經新聞的習慣，除了台灣加權股價指數報價之外，你一定還會聽到台幣兌換美元的匯率或甚至是歐元的匯率價格，你是否有想過台幣對美元報價跟你有什麼關係?如果你沒有投資美元計價的基金，也應該是多數人都沒有的資產為何每天都是新聞報導的主要資訊?或許你會覺得這是一個經濟數據，也或許你覺得它只是要報給進出口廠商去聽的數據，其實不然，匯率與我們息息相關，匯率它不僅只是一個經濟或進出口的重要數據，我們在的一章與第三章有提到這樣的議題的議題，在此分享一個賺取匯率及利率的工具，就是「基金貨幣通」。

還記得前幾年日本的渡邊太太進行”Carry trade”(融資套利交易)這件事嗎?其實就是進行利差的套利交易，從日本用低利率借錢轉存到高定存利率的國家賺取利差，所以當時日圓外流日幣貶，資金轉到中國大陸、澳洲高殖利率的國家，當日幣貶到一個程度後再用外幣換回貶值後的日幣，等於利率、匯率雙邊賺，這件事當時對亞洲地區的匯率影響頗大，另外，還記得去年初(2015年)中國大媽大買黃金這件事嗎?因為黃金跌到烏煙瘴氣，但人民幣受到全球資金湧入而上漲，對於大媽來說，黃金怎麼看就怎麼便宜，因為人民幣的上漲加上黃金價格下跌，形成加乘的效果，雖然身在台灣的投資人可能不看好黃金價格而敬黃金遠之，但是從現在角度來看，黃金價格漲到1300元以上，加上人民幣貶值，這些大媽若把手上的黃金換回人民幣，則也是雙頭賺的情況。

我們把焦點轉回到基金貨幣通，什麼是基金貨幣通?

元大基金貨幣通

協助進行匯差、利差交易的便利工具，以新台幣為基礎，免除換匯成本，利用貨幣市場型基金特性，透過基金轉申購的方式，讓您可以快速轉換貨幣資產，掌握現金增益的機會。

金融海嘯過後，成熟國家的央行不斷的釋出貨幣來挽救搖搖欲墜的金融市場，不斷的QE及降息下，市場的資金氾濫已經到了無法想像的地步，跟你直接相關的就是利率低的不像話，甚至有銀行已經拒收定期存款，在日本、歐洲也出現了負利率的狀況，市場上的資金從銀行體系逃出後，間接推升了股市、房產，而不投資股市、買不起房的，只能到處尋找高收益的產品，所以這兩年股市位於高檔不墜、外匯市場波動也跟著加大，熱錢找不到好的出路，許多投資人追逐高收益基金、高配息的類全委保險產品，也有部分人將現金轉換外幣存款，但是往往也是賺利率賠匯率的窘境。

另外，換匯的高成本及價差，也會讓投資人一換匯其實就付出了高配置成本，其實想要賺匯差或利差，你有更簡單的方式，在此我們先來瞭解什麼是「貨幣市場基金」。

貨幣市場基金是資金停靠的重要工具，我們若單純來看國內的貨幣市場基金，在國內2016/08境內貨幣市場基金的總規模大約8000億新台幣，主要投資人為法人或投資機構，目的是保有資金的流動性與短期的現金收益，而貨幣市場型基金主要投資的標的為定存、短票、RP、政府公債、現金…等，短期流通的標的，就是因為需要保有流動性及最低的波動風險，所以產生的年化收益大約在0.3％左右，簡單來說，在適當的流動性控管下，貨幣市場型基金的淨值幾乎是緩步成長的一條直線，所以一般的法人會將沒有應用的資金存放在此，但是這類的產品一般的投資人卻很少接觸，主要原因是收益率低於定存，若只是幾十萬的存款銀行還可以承做，只要不考慮流動性，當然定存的資金不需要放在貨幣市場基金。

在流動性的部分，國內的貨幣市場型基金買回付款日是T+1日，也就是今天提出買回，明日就可以將資金存入帳戶中，這一點對一般投資人也可以說是不符合習慣，到銀行解定存雖然收益會被打折，但是也是當日就可以拿到錢，所以在過去貨幣市場型基金較少被一般投資人使用，不過話說回來，你放在活存的資金放在銀行幾乎沒有利息，這些錢你如何做增益?另外，若是銀行拒收較大額的存款你如何應用?或者你想換成美金、人民幣賺取較高的利率你又要怎麼做?

台灣人喜歡把新台幣換成美金、人民幣、澳幣，再使用定存爭取較高的利率，因為人民幣定存利率可能出現2~3％，比新台幣定存利率要好上1倍以上，現在你不需要把新台幣換成外幣，目前市場上已經出現了美元、人民幣的貨幣市場基金，你一樣可以享有該貨幣的基礎利率，但卻不需要把錢換成該貨幣，這不是很方便嗎?或許你也會問，買外幣的貨幣市場基金會跟新台幣的貨幣市場基金一樣，不會賠錢嗎?有聽說用原幣買報酬比較好？其實這是錯誤的觀念，你要先知道，錢不換成外幣如何投資海外市場，是你自己換還是用基金的角度去換而已，用原幣去買就是你自己換，用台幣計價去換就是由基金幫你換，一旦要換回新台幣或買回時，這期間的匯率風險一定都需要承擔，我們用以下圖表你會看得更清楚。

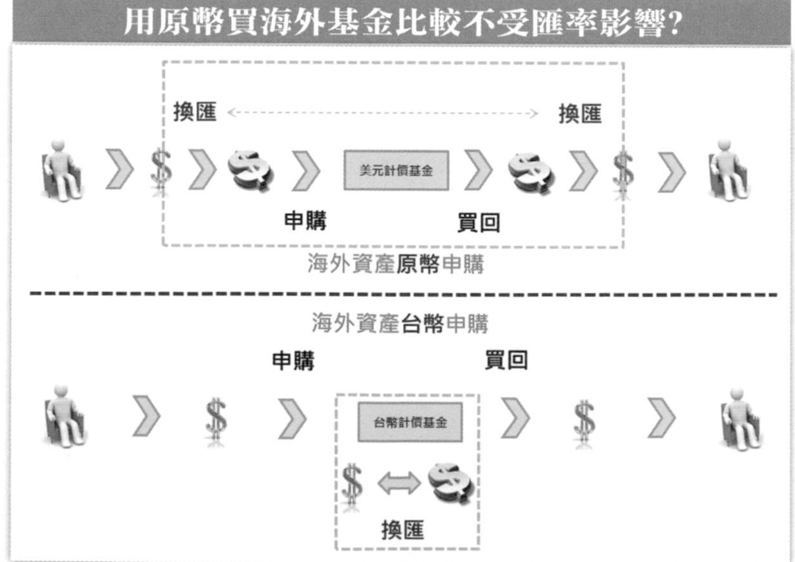

所以，如果你自己去換匯，你自己承受買賣價差及手續費，基金交易再以美元為基礎收手續費，賣出後自己再換回新台幣然後再被收取一次費用，若直接用新台幣去買美元貨幣市場基金，不用先換匯，由基金直接去敲匯，每天結算匯率價格後換算成新台幣淨值，買回時直接用淨值結算買回單位數返還新台幣，從成本的角度來看，用外幣購買需要付出成本是比較高的，當然，如果你是外匯的高手能夠適時掌握匯率的波動，自己換到漂亮的價格那又另當別論。

前面解釋了這麼多匯率及利率，我們做一個總結：

台幣為基礎免換匯

台幣計價的貨幣市場基金為主，就能掌握匯率價差的機會，不需個人換匯節省成本。

自由轉換低成本

一般的基金轉申購都可以享有低手續費的優勢，甚至是零成本，也不需要各種幣別的轉換，未來會再納入更多的貨幣，應用更為彈性。

快速變現免臨櫃

手機APP即可在新台幣、美元、人民幣自由轉換，機動又便利，不需要奔波銀行間轉換外幣，另外，貨幣市場型基金通常都有最高的基金變現效率，以台幣來說T+1就可以拿到贖回款，外幣則大約是T+2~3天就可以拿到現金。

當地貨幣利率更有利

由於台幣的利率水準實在很低更有被拒收的可能，你可選擇較高利率的貨幣如人民幣讓資產增益，而且貨幣市場基金是每日計價，所以每天都可以看到資產的增長，體驗上更有感。

我們實際來看「元大貨幣通」的操作方式，只要你是元大投信電子交易客戶，下載元大投信Fund Tech(安卓系統、IOS系統適用)，在首頁就可以看到「基金貨幣通」的選項(如右圖)。

點入「基金貨幣通」之後，就可以進入專屬介面，會呈現最新的資產持有狀況，下方(圖二)可以看到各幣別的圖示，只要點選該幣別的選項，就可以進行轉換，轉換的選項有「買進」、「轉現金」、「買美元」、「買人民幣」

買進：就是增加持有的資產，透過銀行扣款持續申購，就是基金單筆申購的意思。

轉現金：就是將基金資產轉換成現金，就是基金買回的意思。

買美元或買人民幣：就是從台幣貨幣市場型基金轉申購美元或人民幣貨幣型市場基金，資產轉換的意思。

相同的，如果你是點選美元資產，同樣也會有「買進」、「轉現金」的選項，但是選項會變成「買新台幣」或買人民幣」。

這裡要提醒，基金貨幣通並不是換匯的工具，而是透過基金申購及轉換達到貨幣資產轉換的效果，與實際敲匯的動作無關，不管你是早上9點、10點申購，資產計算都是以當日結算後的基金淨值為主，而轉申購則都是以隔一營業日的淨值做結算，視基金買回到款當日再計算下一個轉換貨幣基金的淨值再申購，千萬不要以極短線的匯率變化來衡量。

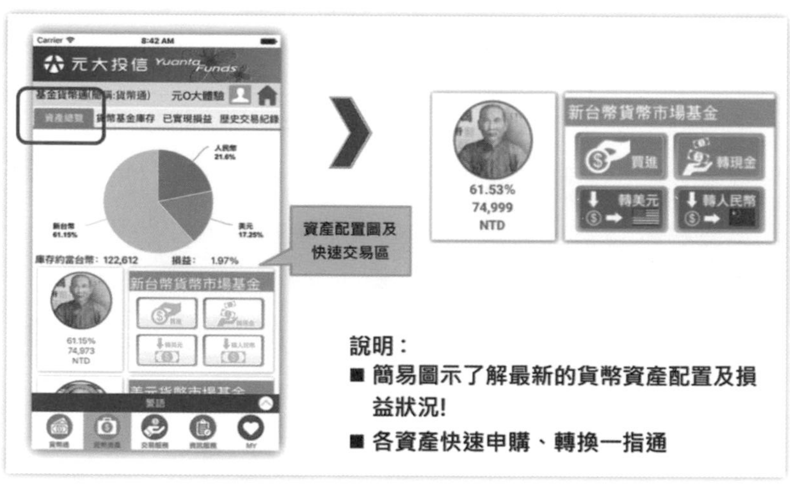

當然在「基金貨幣通」的平臺上，系統也提供了每日匯率的變化及線圖供投資人參考，但是此匯率並不代表每日基金結算匯率的基礎，只是讓投資人方便追蹤，歷史的交易明細在平臺上也可以查的到，包含每筆轉換後資產增長狀況也都詳細紀錄。

回到本章結說明的主題，匯率跟利率在以往是投資人看的到但吃不到的，尤其是海外貨幣的利率，許多人都會在銀行開立外幣帳戶，主要的目的可能都是因為投資而不是實際使用，而台幣帳戶與外幣帳戶的資金轉換時，我們才能感受的到匯率的波動及換匯的成本，而我們也常聽到明明投資海外的資產報酬是正的，但是卻受到匯率的損失反而資產變成負值，如何能夠透過理財產品主動的爭取匯率或利率產生的「匯差」及「利差」，我們可以主動的掌握而不是被動等著被結算，這才是微利時代該做的事，閒置資金或沒有效率的資金做更好的配置，但不是過於躁進進行風險性投資，不是每一筆錢都應該買高收益、不是只有定期定額基金才是有效的分散風險，運用簡單又便利的產品及工具，就可以達到現金增益的效果。

純配息不配本金的產品才是主流

隨著台灣人口的老化，台灣金融環境逐漸改變，缺乏人口紅利的刺激及勞動力的下降，加上台灣現有產業的成熟及轉型，M型化社會越趨明顯，少子化的社會讓目前壯年以上的族群越來越重視未來或退休後的財務狀況，而這一個族群剛好是台灣社會最有錢的一群，2016年政黨再次輪替之後，勞、軍、公教各族群的退休制度再度成為社會的焦點，不管是哪一個族群、哪一種退休制度，可以預見為避免退休後沒錢，個人要自己多想點辦法，各族群的人都有制度上的缺點及優點，少子化是造成制度無法維持的重要因素，這是全民要共同負擔的並不是歸咎於誰領的多、誰又付出的少。

當然經過媒體的大力報導，國人對於退休理財的準備

就更加緊張，甚至到亂了手腳的地步，從前幾年房地產狂飆，買房養老的説法盛傳，房地產不僅會升值還可以出租收租金，從2015開始房地產市場急凍，加上房屋稅翻倍，持有房屋的成本增加，賣方開始讓利、砍價出售，已經沒人在説房地產可以養老了，更有人跳出來説買的起房也養不起房，買不起房的呢?開始追逐高配息的產品，年配率沒有4％以上的產品賣不動，但是你仔細想想，台灣的利率水準也才1％左右，美國十年期公債也才1.5％不到，這些產品哪裡來的錢可以配到4％以上?連中國大陸的存款利率都已經降到3％以下，你的血汗錢到底要投資在哪裡才可以爭取到這麼高的息收?説穿了，還不就可能是用自己的本金配出來的?配了息還會有課稅的成本，這算是聰明的投資嗎?

既然説到配息，稍為講解一下配息可以從哪裡來?股票投資人應該很清楚，常聽到公司在股東會上宣佈配發多少現金股利或股票股利，我們直接講現金股利，現金股利又分為三種：定期現金股利、額外股利以及清算股利。定期現金股利是一般會拿到的股利，額外股利則是看營運狀況，股利可能會給股東，而清算股利是公司營運不佳，處理公司資產派發給股東的剩餘價值；在基金也是相同的道理，基金投資的標的配發的股利，理所當然可以拿出來配息，而因為基金經理人操作獲得的資本利得，也可以拿出來當成配息，但是若沒有標的配息或投資是虧損的，再拿出來配的究竟是什麼?當然就是你的本金，有點像是清算股利的味道，只是慢慢還給你，話說回來，那如果投資的標的都是高收益債的產品，那基金就可以高配息而不配本金？，是的，確實高收益債每年的殖利率確實較高，但是如果你把準備退休的資金拿去投資垃圾債券，是否風險太大了些?

以上的說明，你應該就可以瞭解，退休金可算是自己的老本，風險性的投資我們應該儘量避免，為了求高配息而不管是否配到本金，付出不必要的成本也是本末倒置，這兩年不管是高收益債或類全委保單這類的產品，大多以高配息的特點來吸引投資人參與，但是息是配了而淨值表現卻是每況愈下，投資人是賺了利息而賠了價差，所以投資人逐漸的體認到，固定配息是退休管理重要的資金需求，但是否有不配本金的產品?當然有的，首先投資人一定要有認知，如果標的是可投資等級的債券，以目前的利率水準收益率不可能拉高到3~4％以上(新興市場除外)，而若是股票標的就比較有機會透過高利率概念股、公共事業、REITs(不動產證券化)…等來提高固定收益率，這一類股票波動性較小，每年的配息較穩定，就可以有高值收益的效果，在國內發行的共同基金受到法令規定，原則上是無法配發本金的，所以要投資固定配息的產品，並不一定非要海外基金不可，不僅投資成本高也要考量是否會有匯損。

「元大高股息ETF」就是一個投資人可以擅用的好標的，許多股票投資人以長期投資每年收息的觀念來投資，從成立到現在每年配息率大約在3~5%中間，且每年都能順利填息，也同樣能夠參與股市的漲跌，尤其每年在除權息旺季之前股價表現相當值得注意。

元大ETF系列基金每年發放股息殖利率(%)

代號	名稱	2005	2006	2007	2008	2009	2010	2011	2012	2013	2014	2015	平均
0050	台灣50	3.96	6.97	3.54	5.63	1.86	3.85	3.64	3.5	2.3	2.38	3.03	3.7
0051	台灣100			2.18		5.94	2.92	3.64	3.09	2.75	2.54	3.31	3.3
0053	寶電子						3.69	4.61	2.53	3.18	3.07	3.3	3.4
0054	台商50			1.44			3.05	5.29	3.47	2.4	2.61	3.23	3.07
0055	寶金融						3.16	2.79	2.38	2.52	2.61	3.16	2.77
0056	高股息					8.46		8.73	5.33	3.52	4.17	4.42	5.77
0060	新台灣							4.79	1.98	3.18	2.02	2.67	2.93
6201	寶富櫃							2.54	2.61	2.54	2.08	2.15	2.38
6203	寶摩臺							3.28	2.81	3.09	2.29	3.29	2.95

資料來源:元大投信2016

元大ETF系列基金每年發放股息後填息天數

代號	名稱	2005	2006	2007	2008	2009	2010	2011	2012	2013	2014	2015	平均
50	台灣50	26	42	6	8	4	10	102	37	68	8		31
51	台灣100			146		38	9	57	5	4	10	5	34
53	寶電子						17	69	2	5	60		31
54	台商50			11			31	55	2	4	60		27
55	寶金融						9	31	2	17	136		39
56	高股息					78		115	198	176	43		122
60	新台灣							56	2	3	72	5	28
6201	寶富櫃							56	2	4	9	15	17
6203	寶摩臺							52	5	4	60	19	28

資料來源:元大投信2016

基金開始革命 您的理財計劃 也要革命了

以往談到基金投資，我們會以投資策略、配置方式、定期定額、分散風險…等角度來分享給投資人，但這樣的時代已經過去了，其實投資人把錢進行投資理財並不是要去”懂”這些投資策略，還是要回歸到最終的目的就是賺錢，把錢挪出來投資不是要繳學費的，不是讓自己受苦受罪的，網路上充斥著許多投資訊息，說穿了我們也是只要知道買什麼會賺錢，但是真正進入市場之後最後卻都是聽到一大堆賠錢的理由，怪自己不懂這些投資方法?怪自己不會分散風險？其實我們都不是專業的經理人或交易人員，每一檔基金都會有獨特的特性，我們要瞭解這些特性對自己的資產有何影響，適當的依自身需求進行投資即可，在低利率時代過於保守或貪心追逐報酬都可能出現反效果。

做您自己基金的主人吧

也就是因為我們不是專業的經理人，我們不再去要求要去”操作”基金，我們需要的是正確、中立的資產配置建議及認知，跟看醫生一樣，我們詳細的告知醫生自身的症狀，醫生就會把藥方與用要的指示告訴你，診斷的越詳細更容易藥到病除，我們不需要自作聰明自己去找藥方或亂吃藥，自己去藥局買藥，銷售人員可能會給你最好賺的藥，但未必是最適合的藥，有良心的給你健康食品沒良心的自己亂配一通，吃壞肚子是小事萬一吃出副作用就不好了，所以我強調自己要做自己基金的主人，自己資產的弱點自己最清楚，股票配置太多?高收益債配置太多?美元、人民幣配置太多…等，找出資產弱點對症下藥找出平衡穩健的資產成長曲線，而非掉進大起大落金融市場遊戲中，前面提到的機器人理財顧問，其實出發點就是如此，透過諮詢、提出建議、再平衡調整、降低投資成本、稅賦的機制，其實就是要先求不傷體、再求療效的作法，隨著產品更多元化化，不管是股票、商品、貨幣、利率、正向、反向…等，靈活聰明的運用，你也可以很容易的就建構屬於自己的資產組合，另外，活用資產把不具效率的資產加以活化，善用貨幣市場工具，小錢用複利累積、大錢用單利孳息，從點、線、面各象限組合式的配置，讓資金用最省的成本產生收益，讓資產用最低的風險爭取最合理的報酬，找到最中立客觀的顧問單位及人員，避免在不專業的單位買專業的產品，這些都是投資前最重要的中心思想，讓自己成為自己資產真正的主人。

所有理財行為都從3C做起

再與各位投資人重複的提醒，投資要做到第一個C是「資本保護(Capital Protection)」，不管投資任何產品都要先以資本保護為考量，要避險不要衍生性金融商品為主，因為這類產品可能會因為時間價值的關係讓資產歸零，這類產品應該是衛星避險的組合產品。若已經持有台股就可以考量在高檔適時配置反向的產品，還要減少降低因為成本、稅賦可能帶來的資產侵蝕，用最便利的方式去組合，而不是一見風吹草動就大進大出，讓資產可以在持續走多的行情中有的賺，面對突如其來的下跌也有相對應的保護就是第一個C的意義。

第二個C是「現金增益(Cash Enhancement)」，因為目前的利率水準太低、因為害怕投資失利而不敢把資產進行活化也是不對的行為，也不要為了要增益把錢轉入長期沒有流動性的商品如儲蓄險，有時沒有流動性的產品其實比資產下跌更可怕，失去流動性也失去現金的意義，但也不要為了收到高息而不管信用風險，有些資金應該是衛星配置就不要當核心持有，投資人要時時存有”利差”的觀念，不管是同一幣別或不同幣別，多爭取一點利息那怕是不到1％或0.5％，只要比放銀行活存更好的息收又不失流動性，都是隨時可以幫資產增益的好標的，當然若你目前有借款應該先考量用現金去償還借款，變相的也可以幫你賺到利息。

第三個C就是「匯率避險(Currency Hedge)」，持有太多海外債券就不要再去投資外幣，反而要考量匯率及信用風險，找出相對應的資本保護產品酌量配置，做好資產保護才能承受突如其來的市場風險，元大投信透過基金平臺或股票平臺，不斷的推出利率及匯率相關的產品，從國內的標的到海外的標的一應俱全，如前面提到的「基金貨幣通」，可以同時解決利率與匯率的差異獲利機會，透過簡單、低成本的工具，不僅執行方便也兼具隨時變現的效果。

隨著金融產業的國際化，單一投資人的資產也逐漸全面的國際化，你的資產不僅是只放股票、也要放在固收產品，現金不僅是放銀行也可以放貨幣市場基金，不只是只有新台幣也要有多幣別的考量，不要只會做多也要有反向配置的思考，當你開始如此在配置，自然就會發現金融產品存在許多價差、利差的機會，把握住這些機會你就比別人多出許多獲利的機會。

擁抱數位金融跟上時代

我們很慶幸活在”智慧”的時代，我們使用智慧手機、我們買的到幫你停車的智慧車、我們可以用Google地圖不僅不會迷路，更避免塞車，透過網路資訊，我們很容易找到哪裡有好吃的美食，我們可以知道哪一個商家買東西比較便宜，當然金融業也不例外；以證券公司來說，現在已經很少人到”號子”去看股票行情，也很少人直接跑到銀行去領錢，數位科技不僅改變你的生活，也逐漸改變了金融投資的觀念、產品及市場行情，網路資訊已經不只是供你查詢的平臺，更可以做到歸納、主動推播及智慧互動的程度，在國外智慧型分行服務已逐漸普遍，當你走進一家智慧分行，幫你辦理業務的可能是一台機器或機器人引導你如何進行業務，而隨著我們對時效性的要求，機器人服務也更容易讓我們接受，有時候機器人的服務可能比專人更快更有效率，當然”理財”這個任務雖然還無法被機器取代，但是中立、低成本的優勢也讓許多人趨之若鶩。

2016年，國內各金融業逐步開放了線上開戶的作業，透過電腦、手機你可以不需臨櫃就可以辦理所有業務，以前開立金融戶頭可能需要幾天、幾小時，現在只要幾分鐘就完成了，以前要詢問、購買金融商品你必須到櫃台前面排隊，現在也只要動動手指滑滑手機就可以完成，網路平臺不僅只是交易，更可以綜合多項功能，提供聰明的系統工具幫助你執行你需要的投資策略，未來你不需要懂所有的金融商品，只要簡單詢問你幾個問題就能分析你的需求，在最適當的時機提供建議及服務，而且會幫你找出最快速、方便省成本的方式來協助你理財，無時無刻只要透過你的智慧手機，隨時監控、諮詢或進行調整，當然這些便利的功能也需要適當的產品來搭配，而這些產品的作業機制更與你的各種帳戶串聯，方便你進行各項生活上的應用；元大證券推出的「萬事通APP」就不僅只是買賣股票的功能，也可以在你持有股票的情形下，把股票進行質押借款取得現金，也可以進行股票借出取得借券收入；元大投信推出的「FUND TECH APP」，不僅基金申贖或定期定額，現在也可以執行「基金貨幣通」幫你賺取匯差或利差，直接綁定你的金融帳戶也可以快速地把基金換現金，在大陸貨幣基金甚至連接電子支付帳戶，不僅幫助儲值餘額生利息，也可以快速的執行電子支付，更引爆後續的生活應用的發展，也加速FIN TECH(數位金融)的快速發展；所以，未來各帳戶間會更緊密的連結成為數位金融圈，我們透過這個金融圈就可以快速取得各項金融服務，其實這與最新技術—「區塊鏈」的概念相當類似，我可以看到未來金融服務可能發展成為數據資料的交換，大幅的提升效率，基金的單位數快速轉換成現金，現金再快速轉到其他用途，到時候基金成為現金就是「基金貨幣」的最終實現。

總結，如果我們把人生分為三個階段，分別是累積財富、管理資產、退休應用，也就是開始工作從小錢累積成一桶金、多桶金，再透過財富的適當管理連結生活上買車、買房、教育基金…等，最後進入到退休管理，我們面對的風險屬性從積極到穩健到保守，我們需要的投資策略、產品配置就都不盡相同，各個階段需要循序漸進、軌跡性的累積與成長，一連串的服務下來，數位金融會以系統優勢、資料優勢、串接優勢、成本優勢、作業優勢到產品優勢開始全面滿足你的理財需求，現在的數位金融環境雖然應用面還不普遍，但是這些機制已經都在默默的發展，且影響著我們的投資行為，只要你有錢，不管多或少，你都要認真的瞭解對你的影響，欣然地迎接數位金融帶給你全面性的改變及服務。

參考資料

行動化理財工具介紹 元大Fund Tech

元大投信官方APP正式改版了，本次改版大幅增加了基金貨幣通、ETF通及基金交易…等多項實用化功能，IOS版及Andorid版本一齊上，就是要滿足你基金行動理財的需求，有圖有真相趕快下載吧…

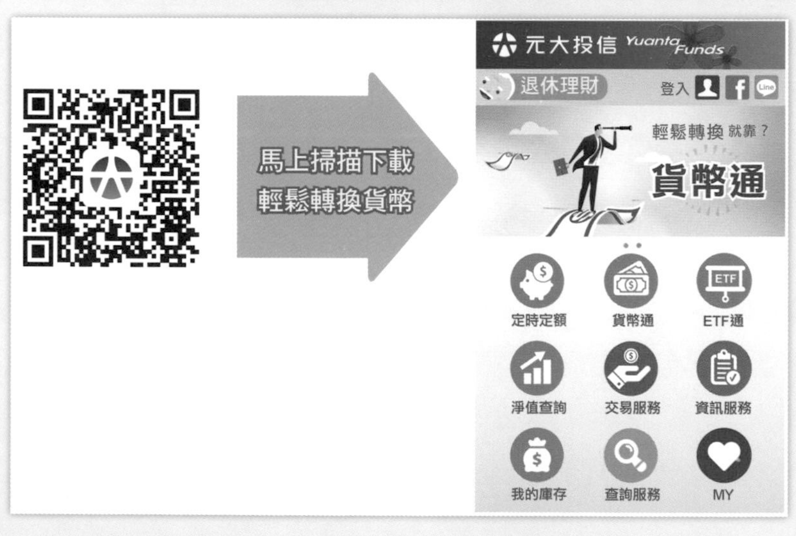

元大投信
(Fund Tech)
功能快速使用引導

基金單筆交易：

填寫委託單

元大投信 Yuanta Funds

元0大體驗

單筆申購 | 轉申購 | 定期定額 | 買回 | 查詢取消

申購基金：元大多福基金

扣款帳號：(806)000000****0001-元大銀行營業部

申購金額：1000000

下一步

1.申購前請務必詳閱基金公開說明書、契約重要內容及風險揭露。投資人申購後一旦超過營業日委託時間未取消交易，本公司不接受任何形式之取消交易、要求變更交易日、要求變更交易淨值或任何理由之賠償要求。
2.本公司非貨幣市場基金營業日委託時間至下午4時截止，超過下午4時之委託為次日委託，本公司有權利考量現有基金受益人權益，得停止基金申購，系統會自動限制，投資人不得提出申購要求。
3.本公司貨幣市場基金營業日委託時間至上午11時截止，超過上午11時之委託為次日委託，本公司有權利考量現有基金受益人權益，得停止基金申購，系統會自動限制，投資人不得提出申購要求。
4.各銀行扣款時間或有不同，投資人應於申購日下午3時30分前，將足額申購價金存入扣款帳戶，以免因扣款失敗，導致交易無效。本公司貨幣市場基金營業日扣款時間為上午11時，宜請事前足額存妥。

警語

交易密碼及說明確認

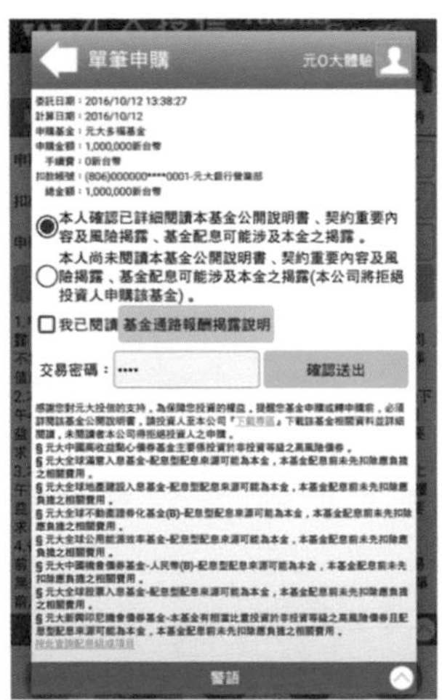

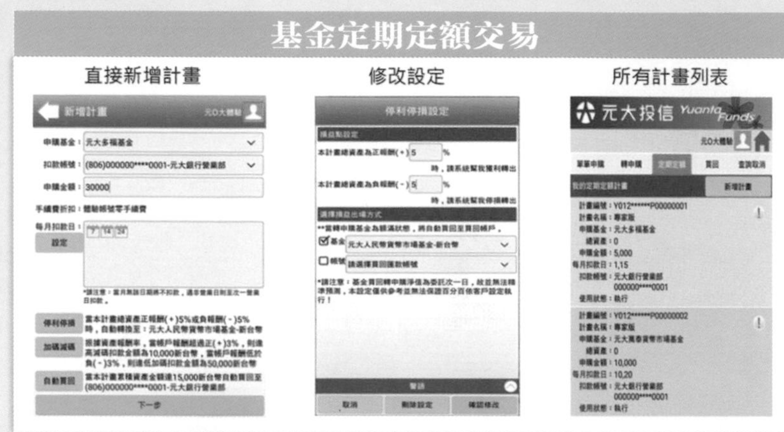
基金定期定額交易
直接新增計畫
修改設定
所有計畫列表
新增計畫
申購基金：元大多福基金
扣款帳號：(806)000000****0001-元大銀行營業部
申購金額：30000
手續費折扣：體驗帳號零手續費
每月扣款日：
設定
停利停損
加碼減碼
自動買回
下一步
停利停損設定
取消
刪除設定
確認修改
元大投信 Yuanta Funds
計畫編號：Y012******P00000001
申購基金：元大多福基金
申購金額：5,000
計畫編號：Y012******P00000002
申購金額：10,000

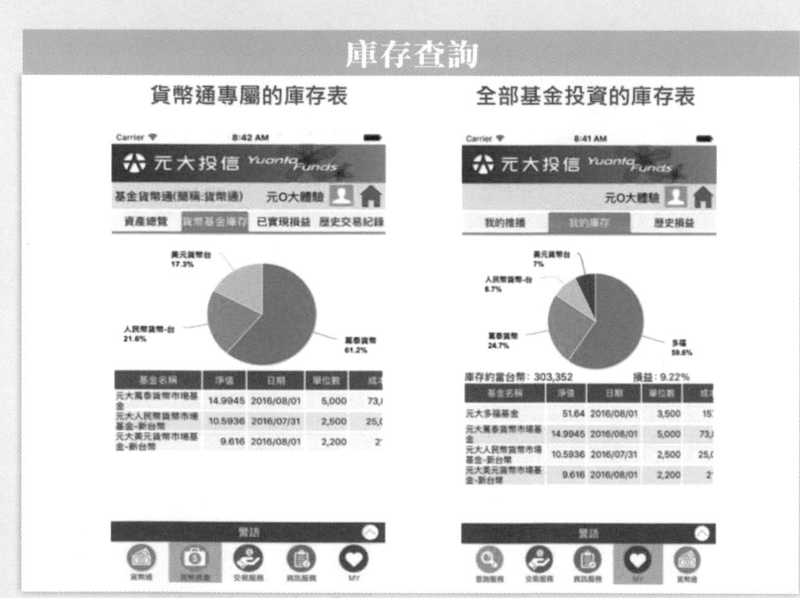
庫存查詢
貨幣通專屬的庫存表
全部基金投資的庫存表
元大投信 Yuanta Funds
基金貨幣通(簡稱:貨幣通)
元O大體驗
資產總覽
貨幣基金庫存
已實現損益
歷史交易紀錄
美元貨幣台 17.3%
人民幣貨幣-台 21.6%
萬泰貨幣 61.2%
基金名稱
淨值
日期
單位數
元大萬泰貨幣市場基金 14.9945 2016/08/01 5,000
元大人民幣貨幣市場基金-新台幣 10.5936 2016/07/31 2,500
元大美元貨幣市場基金-新台幣 9.616 2016/08/01 2,200
警語
我的推播
我的庫存
歷史損益
美元貨幣台 7%
人民幣貨幣-台 8.7%
萬泰貨幣 24.7%
多福 59.6%
庫存約當台幣: 303,352
損益: 9.22%
元大多福基金 51.64 2016/08/01 3,500
元大萬泰貨幣市場基金 14.9945 2016/08/01 5,000
元大人民幣貨幣市場基金-新台幣 10.5936 2016/07/31 2,500
元大美元貨幣市場基金-新台幣 9.616 2016/08/01 2,200
MY

基金貨幣通

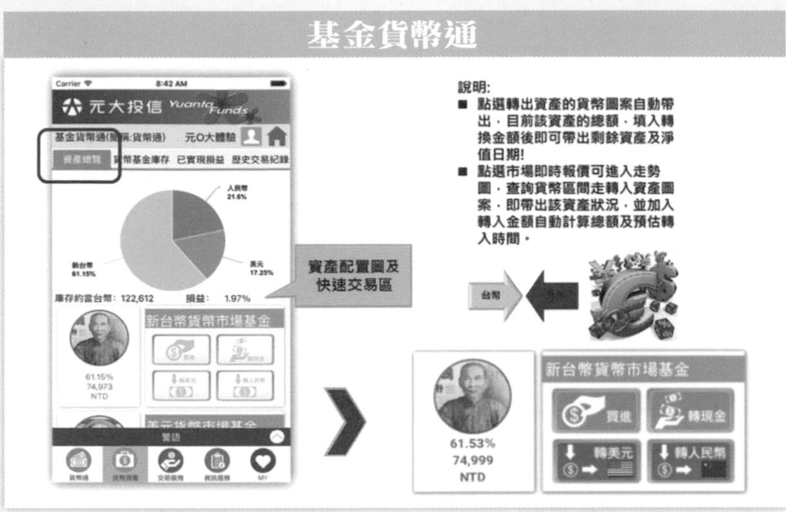

匯率行情快速查詢

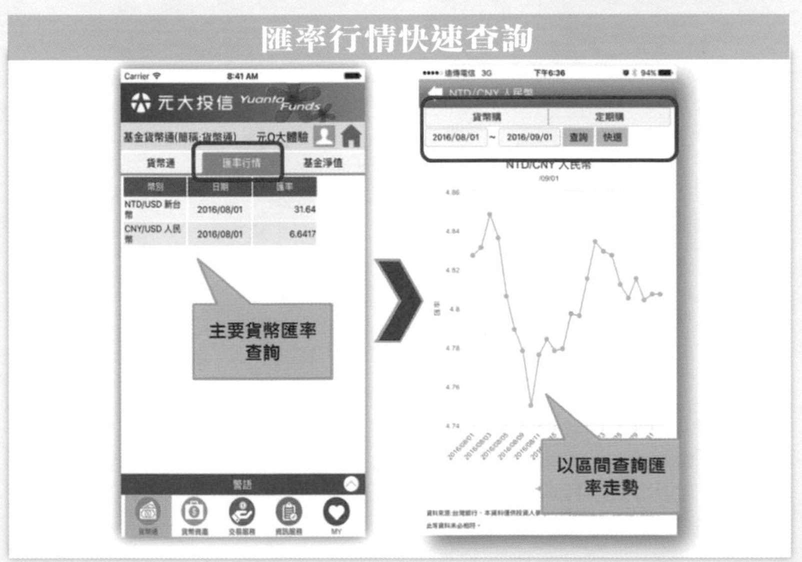

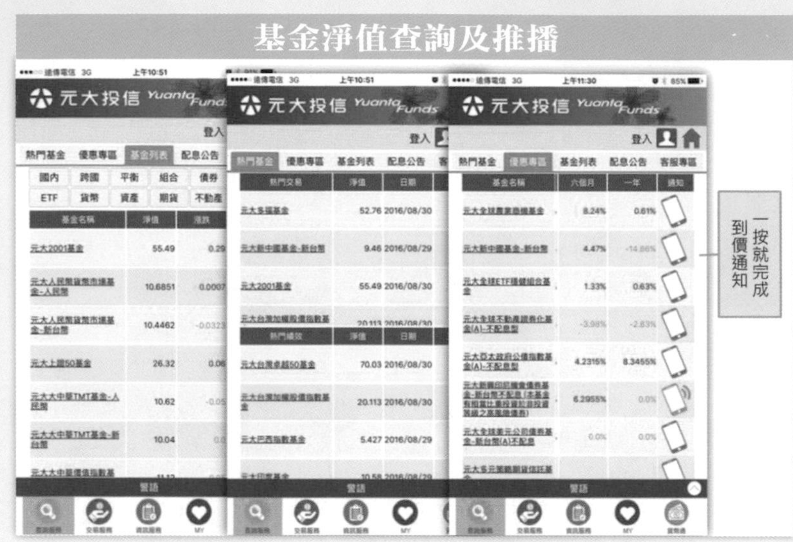

基金淨值查詢及推播
元大投信 Yuanta Funds
登入
熱門基金
優惠專區
基金列表
配息公告
客服專區
國內
跨國
平衡
組合
債券
ETF
貨幣
資產
期貨
不動產
一按就完成到價通知
警語

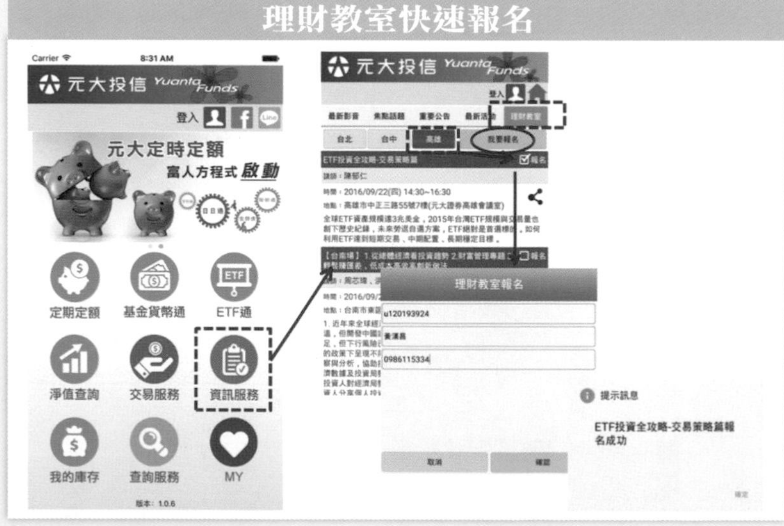

理財教室快速報名
元大投信 Yuanta Funds
登入
元大定時定額
富人方程式 啟動
定期定額
基金貨幣通
ETF通
淨值查詢
交易服務
資訊服務
我的庫存
查詢服務
MY
版本: 1.0.6
理財教室報名
取消
確認
提示訊息
ETF投資全攻略-交易策略篇報名成功

｜元大投信獨立經營管理｜元大系列基金及境外總代理基金經金管會核准或同意生效，惟不表示絕無風險。本公司以往之經理績效，不保證系列基金之最低投資收益；本公司除盡善良管理人之注意義務外，不負責系列基金之盈虧，亦不保證最低之收益；定期定額報酬率將因投資人不同時間進場，而有不同之投資績效，過去之績效亦不代表未來績效之保證；本文提及之經濟走勢預測，不必然代表本基金之績效；為避免因受益人短線交易頻繁，造成基金管理及交易成本增加，進而損及基金長期持有之受益人權益，本基金不歡迎受益人進行短線交易。投資人應注意本基金主要投資風險包括利率風險、匯率風險、債券市場流動性不足之風險、投資無擔保公司債之風險及債券發行人違約之信用風險。本基金或有因利率變動、匯率變動、各國貨幣匯率之升或貶而將影響本基金的淨值及利息，債券交易市場流 動性不足及定期存單提前解約而影響基金淨值下跌之風險，同時或有受益人大量贖回時，發生延遲給付買回價款之可能。而基金資產中之債券皆隱含其發行者無法償付本息之違約風險，基金所投資標的發生上開風險時，本基金之淨資產價值可能因此產生波動。本基金得投資於點心債，該等債券如係以人民幣計價或發行者為大陸地區或香港之國家或機構者，可能受到當地法令限制或不完全而較易受外匯管制、政治或經濟情勢變動等影響及可能存在資訊不透明或未完全揭露之風險。另為預應大陸地區相關稅法規定，就本基金直接投資於大陸地區部位，可能依大陸地區相關稅法規定調整基金撥備相關稅負之政策，基金淨值將於扣除基金實際及預撥之各項稅款後所計算得出。大陸地區之波動度與風險程度可能較高，且其政治與經濟情勢穩定度通常低於已開發國家，可能影響所投資地區之有價證券價格波動，而使資產價值受不同程度影響。就本基金直接投資於大陸地區部位，可能依大陸地區相關稅法規定調整基金撥備相關稅負之政策，基金淨值將於扣除基金實際及預撥之各項稅款(如有)後所計算得出。本公司得以合格境外機構投資者(QFII)資格及交易額度或在法令允許前提下透過滬港股票市場交易互聯互通機構 (即滬港通)為本基金進行大陸地區A股交易，故大陸地區對QFII或滬港通機制相關的政策或法令規定如有任何改變或限制，都可能對本基金於大陸A股市場投資造成影響。又本基金人民幣計價受益權單位淨資產價值係以人民幣表示，人民幣匯率波動可能對該類型淨資產價值造成直接或間接之影響，故申購該類型受益權單位之受益人需承擔人民幣匯率變動之風險。中國機會債券基金(本基金之配息來源可能為本金)基金配息率不代表基金報酬率，且過去配息率不代表未來配息率；基金淨值可能因市場因素而上下波動。基金的配息可能由基金的收益或本金中支付，任何涉及由本金支出的部份，可能導致原始投資金額減損。於獲配息時，宜一併注意基金淨值之變動。近12個月內由本金支付之配息之相關資料，請詳元大投信公司網站(http://www.yuantafunds.com/b1/b2_5.aspx)。為達成收益分配穩定之目的，經理公司並得自本基金B類型 受益權單位之資產每月撥取最多為該類型淨資產價值之百分之零點四(0.4%)之金額，併入前述可分配收益而分配予受益人。任何涉及由本金支出的部份，可能導致原始投資金額減損。於獲配息時，宜一併注意基金淨值之變動。投資人應注意本基金或有因利率變動、債券交易市場流動性不足及定期存單提前解約而影響基金淨值下跌之風險，同時或有受益人大量贖回時，致延遲給付贖回價款之可能。元大投信業已自臺灣證券交 易所股份有限公司取得使用臺灣證券交易所發行量加權股價指數之授權。並非由臺灣證券交易所股份有限公司(「證交所」)贊助、認可、銷售或推廣；且證交所不就使用臺灣證券交易所發行量加權股價指數及／或該指數於任何特定日期、時間所代表數字之預期結果提供任何明示或默示之擔保或聲明。臺灣證券交易所發行量加權股價指數係由證交所編製及計算；惟證交所不就臺灣證券交易所發行量加權股價指數之錯誤承擔任 何過失或其他賠償責任；且證交所無義務將指數中之任何錯誤告知任何人。指數值及其成分股清單有關之一切著作權均歸臺灣證券交易所股份有限公司所有。本公司業已就使用該著作權發行臺灣證券交易所發行量加權股價指數之行為，自臺灣證券交易所股份有限公司取得完整之使用授權。本基金投資涉及新興市場部份，因其波動性與風險程度可能較高，且其政治與經濟情勢穩定度可能低於已開發國家，也可能使資產價值受不同程度之影響。本基金投資地區包括中國大陸及新興市場，可能因產業循環或非經濟因素導致價格劇烈波動，以及市場機制不如成熟國家健全，可能產生流動性不足風險而使基金資產價值受不同程度影響。就本基金直接投資於大陸地區部位，可能依大陸地區相關稅法規定調整基金撥備相關稅負之政策，基金淨值將於扣除基金實際及預撥之各項稅款(如有)後所計算得出。本公司得以合格境外機構投資者(QFII)資格及交易 額度或在法令允許前提下透過滬港股票市場交易互聯互通機構 (即滬港通)為本基金進行大陸地區A股交易，故大陸地區對QFII或滬港通機制相關的政策或法令規定如有任何改變或限制，都可能對本基金於大陸A股市場投資造成影響。

元大中國平衡基金得投資於投資等級點心債，該等債券如係以人民幣計價或發行者為大陸地區或香港之國家或機構者，可能受到當地法令限制或不完全而較易受外匯管制、政治或經濟情勢變動等影響及可能存在資訊不透明或未完全揭露之風險，本基金所投資標的 發生上開風險時，本基金之淨資產價值均可能因此產生波動。就本基金直接投資於大陸地區部位，可能依大陸地區相關稅法規定調整基金撥備相關稅負之政策，基金淨值將於扣除基金實際及預撥之各項稅款(如有)後所計算得出。本公司得以合格境外機構投資者(QFII)資格及交易額度或 在法令允許前提下透過滬港股票市場交易互聯互通機構(即滬港通)為本基金進行大陸地區A股交易，故大陸地區對QFII或滬港通機制相關的政策 或法令規定如有任何改變或限制，都可能對本基金於大陸A股市場投資造成影響。

元大中國高收益點心債券基金(本基金主要係投資於非投資等級之高風險債券)適合尋求投資固定潛在收益且能承受較高風險之非保守型投資人，投資人投資高收益債券基金宜斟酌個人之風險承擔能力及資金之可運用期間長短後進行投資。投資人投資高收益債 券基金不宜占其投資組合過高之比重，由於高收益債券之信用評等未達投資等級或未經信用評等，且對利率變動的敏感度甚高，故本基金可能會因利率上升、市場流動性下降，或債券發行機構違約不支付本金、利息或破產而蒙受虧損。本基金適合尋求投資 固定潛在收益且能承受較高風險之非保守型投資人，不適合無法承擔相關風險之投資人。本基金主要投資於香港發行、交易之人民幣計價債券（即所謂點心債券），由於現今中國及香港之政經情勢或法規變動較易受中國政府當局影響，本基金投資於該等國家或企業所保證或發行之債券，存在流動性風險、政治及社會經濟及貨幣等風險。本基金得投資美國R144A債券，該類債券因屬私募性質，故較可能發生流動性不足，財務訊息揭露不完整或因價格不透明導致波動性較大之風險。

本基金得投資於高收益債券子基金及新興市場債券子基金，高收益債券子基金之投資標的涵蓋低於投資等級之垃圾債券，加上利率風險、信用違約風險、外匯波動風險也將高於一般投資等級之債券型基金，故需承受較大之價格波動；新興市場債券子基金因投資標的屬新興市場國家之債券，故其債券對利率風險和信用風險呈現較敏感的價格反應，而使其淨值波動較大。另該些地區或國家亦可能因政治、經濟不穩定而增加其無法償付本金及利息的信用風險或限制金錢匯出境外或外國投資。在經濟景氣衰退期間，此類債券價格的波動可能較為劇烈。此外，新興市場國家之幣值穩定度和通貨膨脹控制情況等因素，亦容易影響此類債券價格，進而影響所投資之新興市場債券子基金淨值，亦即造成本基金淨值之波動。基金配息率不代表基金報酬率，且過去配息率不代表未來配息率，基金淨值可能因市場因素而上下波動。於獲配息時，宜一併注意基金淨值之變動。

本基金得投資於高收益債券子基金及新興市場債券子基金，高收益債券子基金之投資標的涵蓋低於投資等級之垃圾債券，加上利率風險、信用違約風險、外匯波動風險也將高於一般投資等級之債券型基金，故需承受較大之價格波動；新興市場債券子基金因投資標的屬新興市場國家之債券，故其債券對利率風險和信用風險呈現較敏感的價格反應，而使其淨值波動較大。另該些地區或國家亦可能因政治、經濟不穩定而增加其 無法償付本金及利息的信用風險或限制金錢匯出境外或外國投資。在經濟景氣衰退期間，此類債券價格的波動可能較為劇烈。此外，新興市場國家之幣值穩定度和通貨膨脹控制情況等因素，亦容易影響此類債券價格，進而影響所投資之新興市場債券子基金淨值，亦即造成本基金淨值之波動。另為預應大陸地區相關稅法規定，就本基金直接投資於大陸地區部位，可能依大陸地區相關稅法規定調整基金撥備相關稅負之政策，基金淨值將於扣除基金實際及預撥之各項稅款後所計算得出。

元大期貨信託基金經目的事業主管機關核准，惟不表示本基金絕無風險。本期貨信託事業以往之績效不保證基金之最低投資收益；本文提及之經濟走勢預測，不必然代表本基金之績效。本期貨信託事業除盡善良管理人之注意義務外，不負責本基金之盈虧，亦不保證最低之收益，投資人申購前應詳閱基金公開說明書。投資人可向本公司及本基金銷售機構索取本基金公開說明書，或至本公司網站(www.yuantafunds.com)或期信基金資訊觀測站(www.fundclear.com.tw)自行下載。有關基金應負擔之費用已揭露於基金之公開說明書，投資人可至期信基金資訊觀測站中查詢。本文提及之商品價格及經濟走勢預測不必然代表本基金之績效，本基金投資風險請詳閱基金公開說明書。S&P GSCI Reduced Energy Index is the exclusive property of Yuanta SITC, which has contracted with Standard & Poor's (“S&P”) to maintain and calculate the Index. S&P shall have no liability for any errors or omissions in calculating the Index.

元大投信業已自FTSE International Limited(“FTSE”)、及臺灣證券交易所(”TWSE”)取得使用“臺灣證券交易所臺灣50指數”、“臺灣證券交易所臺灣中型100指數”、“臺灣證券交易所臺灣高股息指數”名稱之授權。使用者須遵守臺灣證券交易所「交易資訊使用管理辦法」等相關規定 。本資訊僅供參考，所有資訊以臺灣證券交易所公告為準，盈虧自行負責。

“FTSE®”是倫敦證券交易所集團的商標，「TWSE」和「TAIEX」是臺灣證券交易所的商標，且均由富時國際有限 公司（「富時集團」）根據授權使用。 臺灣證交所臺灣50指數是富時集團/臺灣證交所的一種產品（「指數」），該指數由臺灣證交所在富時集團的協助下計算。 惟上開二公司均不贊助、背書或宣傳此產品，與此產品不存在任何形式的關聯，不對任何人因依賴或使用「指數」或本出版物內容導致的任何損失承擔任何責任。「指數」中的所有智慧財產權均歸富時集團和臺灣證交所所有。元大投信已從富時集團和臺灣證交所獲得將此類智慧財產權用於創造此產品的 全面許可。」

“FTSE®”是倫敦證券交易所集團的商標，「TWSE」和「TAIEX」是臺灣證券交易所的商標，且均由富時國際有限公司（「富時集團」）根據授權使用。 臺灣證券交易所臺灣中型100指數是富時集團/臺灣證交所的一種產品（「指數」），該指數由臺灣證交所在富時集團的協助下計算。惟上開二公司均不贊助、背書或宣傳此產品，與此產品不存在任何形式的關聯，不對任何人因依賴或使用「指數」或本出版物內容導致的任何 損失承擔任何責任。「指數」中的所有智慧財產權均歸富時集團和臺灣證交所所有。元大投信已從富時集團和臺灣證交所獲得將此類智慧財產權用於創造此產品的 全面許可。」

臺灣證券交易所電子類發行量加權股價指數係由臺灣證券交易所股份有限公司負責計算；惟並未贊助、認可或推廣本商品。與指數值及其成分股清單有關之一切著作權均歸臺灣證券交易所股份有限公司所有。元大投信業已就使用該著作權發行元大台灣ETF傘型證券投資信託基金之電子 科技證券投資信託基金之行為，自臺灣證券交易所股份有限公司取得完整之使用授權。

S&P Custom/Yuanta China Play 50 Index is the exclusive property of Yuanta SITC, which has contracted with Standard & Poor's ("S&P") to maintain and calculate the Index. S&P shall have no liability for any errors or omissions in calculating the Index. Yuanta/P-Shares MSCI Taiwan Financials ETF described herein are indexed to an MSCI index.

"FTSE®"是倫敦證券交易所集團的商標，「TWSE」和「TAIEX」是臺灣證券交易所的商標，且均由富時國際有限 公司（「富時集團」）根據授權使用。 臺灣證券交易所臺灣高股息指數是富時集團/臺灣證交所的一種產品（「指數」），該指數由臺灣證交所在富時集團的協助下計算。惟上開二公司均不贊助、背書或宣傳此產品，與此產品不存在任何形式的關聯，不對任何人因依賴或使用「指數」或本出版物內容導致的任何 損失承擔任何責任。「指數」中的所有智慧財產權均歸富時集團和臺灣證交所所有。元大投信已從富時集團和臺灣證交所獲得將此類智慧財產權用於創造此產品的 全面許可。」

臺灣證券交易所未含電子股50發行量加權股價指數係由臺灣證券交易所股份有限公司所計算；惟臺灣證券交易所股份有限公司並未贊助、認可或推廣本商品。與指數值及其成分股清單有關之一切著作權均歸臺灣證券交易所股份有限公司所有。

櫃買「富櫃五十指數」係由證券櫃檯買賣中心所計算；惟證券櫃檯買賣中心並未贊助、認可或推廣本商品。元大證券投資信託股份有限公司業 自證券櫃檯買賣中心取得使用櫃買「富櫃五十指數」之指數名稱授權使用。元大證券投資信託股份有限公司就發行本商品已自證券櫃檯買賣中心取得使用該著作權之完整授權。與指數值及其成分股清單有關之一切著作權均歸證券櫃檯買賣中心所有。

MSCI並沒有保薦、承兌、或推銷其中提及的本基金或受益證券，並且MSCI不會對任何本基金或受益證券或任何該基金或證券根據的指數承擔任 何法律責任。本基金公開說明書對MSCI與經理公司和任何有關基金的有限關係作更詳細的描述。The Funds described herein are indexed to an MSCI index。

元大標智滬深300證券投資信託基金使用之標的指數名稱係經指數提供者同意由標的基金之經理公司，即中銀國際英國保誠 資產管理公司(以下簡稱授權人)代表與本公司代表簽訂授權契約，包含由授權人轉授權標的基金及標的指數之名稱予本公司使用於本基金。前述標的基金係指「標智滬深300中國指數基金®」，標的指數係指「滬深300指數」。元大標智滬深300證券投資信託基金投資者是申請購買元大投信發行的「元大標智滬深300證券投資信託基金」(W.I.S.E. Yuanta CSI 300 Securities Investment Trust Fund)，而非直接投資於標的基金。本基金非由中銀國際英國保誠資產管理有限公司或其聯繫公司或中證指 數有限公司保薦，有關經理公司對於本基金單位之管理、推廣、銷售、交易或價格的釐定概無任何義務或責任，亦不會與本基金客戶有任何直 接合約關係。

元大上證50基金主要投資於大陸地區有價證券，可能因產業循環或非經濟因素導致價格劇烈波動，以及市場機制不如成熟國家健全，可能產生流動性不足風險而使基金資產價值受不同程度影響。就本基金直接投資於大陸地區部位，可能依大陸地區相關稅法規定調整基金撥備相關稅負之政策，基金淨值將於扣除基金實際及預撥之各項稅款(如有)後所計算得出。本公司得以合格境外機構投資者(QFII)資格及交易額度或在法令允許前提下透過滬港股票市場交易互聯互通機構（即滬港通)為本基金進行大陸地區A股交易，故大陸地區對QFII或滬港通機制相關的政策或法令規 定如有任何改變或限制，都可能對本基金於大陸A股市場投資造成影響。

上證50指數由上海證券交易所委託中證指數有限公司管理。中證指數有限公司將採取一切必要措施以確保上證50指數的準確性。但無論因為疏忽或其他原因，上海證券交易所、中證指數有限公司不因指數的任何錯誤對任何人負責，也無義務對任何人和任何錯誤給予建議。上證50指數 的所有權歸屬上海證券交易所。

元大大中華價值指數基金投資地區包括中國大陸及香港，可能因產業循環或非經濟因素導致價格劇烈波動，以及市場機制不如成熟國家健全，可能產生流動性不足風險而使基金資產價值受不同程度影響。

Russell Investments is the source and owner of the trademarks, services marks and copyrights related to the Russell Indexs. Russell® is a trademark of Russell Investments.

新興市場國家股市之波動及風險程度可能較高，且其政治與經濟穩定度可能低於已開發國家，均會影響基金所投資國家之有價證券價格波動，而使基金資產價值受不同程度影響。摩根史丹利並沒有保薦、承兌、或推銷其中提及的基金或證券，並且摩根史丹利不會對任何該基金或證券或任何該基金或證券根據的指數承擔任何法律責任。

投資人應注意本基金投資之風險包括利率風險、債券交易市場流動性不足之風險及投資無擔保公司債之風險；本基金或有因利率變動、債券交易市場流動性不足及定期存單提前解約而影響基金淨值下跌之風險，同時或有受益人大量贖回時，致延遲給付贖回價款之可能。本基金投資所 涉新興市場國家有價證券，其波動及風險程度可能較高，且政治與經濟穩定度可能低於已開發國家，均會影響基金所投資國家之有價證券價格波動，而使基金資產價值受不同程度影響。

“Nomura Asia Pacific (ex-Japan) Fundamental Factor Investment Grade Government Bond Benchmark Index（中文名稱為「野村亞太(不含日本)基本面投

資等級政府公債指數」）（「指數」）為野村國際(香港)有限公司（「野村國際香港」，野村國際香港及其聯屬公司統稱「野村」）的商標，及為元大證券投資信託股份有限公司作為元大亞太政府公債指數基金（「基金 」）的唯一投資經理於特許權項下在本文件內所提述。野村國際香港編製、維持及擁有指數及與之有關的權利。基金與指數並無關連，其項下 或與之有關的任何付款亦並非參考指數、指數水準及／或指數表現（或未能表現）計算。基金並非由野村保薦、認可、銷售或推廣。野村不就 基金的適當性作出聲明。野村對與基金有關的行政、市場推廣或買賣概無義務或責任，亦未曾以任何形式涉及基金的建構、開發及／或市場推廣。野村概不對基金或就基金而對任何投資者或第三方承擔責任。投資人於申購基金前，務請審閱基金公開說明書及銷售檔內有關野村的綜 合免責聲明。

投資風險之詳細資料請參閱系列基金公開說明書。系列基金申購手續費之收取方式、比率及投資人所須負擔之直接或間接相關費用，投資人申購前應詳閱簡式基金公開說明書或基金公開說明書或投資人須知。簡式基金公開說明書或公開說明書或投資人須知備索，或至本公司之網址 (http://www.yuantafunds.com)，或至基金資訊觀測站(http://newmops.twse.com.tw或 http://www.fundclear.com.tw/)下載。基金非存款或保險，故無受存款保險、保險安定基金或其他相關保障機制之保障。部份基金配息前未先扣除應負擔之相關費用。近12個月內由本金支付之配息之相關資料，請詳元大投信公司網站。投資人應注意「元大ETF傘型證券投資信託基金之台灣50單日正向2倍證券投資信託基金」及「元大ETF傘型證券投資信託基金之台灣50單日反向1倍證券投資信託基金」為策略交易型產品，其投資分別具有槓桿操作及反向操作風險，其投資盈虧深受市場波動與複利效果影響，與傳統指數股票型基金不同。投資人應瞭解 該二基金所追求標的指數正向2倍報酬及反向1倍報酬僅限於「單日」操作目的。該二基金需依基金資產及市場現況每日計算基金所需曝險 額度及重新平衡投資組合，因此基金淨值將受到每日重新平衡後之投資組合價格波動之影響。受到計算累積報酬之複利效果影響，該二基金連續兩日以上及長期之累積報酬率會偏離同期間標的指數正向2倍及反向1倍之累積報酬，且偏離方向無法預估，故不適合追 求長期投資且不熟悉本基金以追求標的指數單日正向2倍及反向1倍報酬為投資目標之投資人，除專業機構投資人之外，限符合臺灣證券交易所 訂適格條件之投資人始得交易。投資人交易前，應詳閱基金公開說明書並確定已充分瞭解本基金之風險及特性。「FTSE 」是倫敦證券交 易所集團的商標，「TWSE」和「TAIEX」是臺灣證券交易所的商標，且均由富時國際有限公司(「富時集團」)根據授權使用。臺灣證交所臺灣 50指數是富時集團/臺灣證交所的一種產品(「指數」)，該指數由臺灣證交所在富時集團的協助下計算。惟上開二公司均不贊助、背書或宣傳此 產品，與此產品不存在任何形式的關聯，不對任何人因依賴或使用「指數」或本出版物內容導致的任何損失承擔任何責任。「指數」中的所有 智慧財產權均歸富時集團和臺灣證交所所有。元大投信已從富時集團和臺灣證交所獲得將此類智慧財產權用於創造此產品的全面許可。本傘型基金之各子基金上市日前(不含當日)，經理公司不接受各子基金受益憑證受益權單位之買回。有關各子基金之特性(含適格投資人始得交易)、投資人應負擔之成本費用及相關投資風險等資訊，投資人申購前應詳閱各子基金公開說明書。

元大標普高盛黃金ER指數股票型期貨信託基金經目的事業主管機關核准，惟不表示本基金絕無風險。本期貨信託事業以往之績效不保證基金之最低投資收益；本期貨信託事業除盡善良管理人之注意義務外，不負責本基金之盈虧，亦不保證最低之收益，投資人申購前應詳閱基金公開說明書。基金非存 款或保險，故無受存款保險、保險安定基金或其他相關保障機制之保障。期貨信託基金從事之期貨交易具低保證金之財務槓桿特性，在可能產生極大利潤的同時也可能產生極大的損失，致基金受益權單位淨資產價值大幅增減，投資人投資基金前，應審慎考慮本身的財務能力及經濟狀況是否適合於這種投資，並詳讀本公開說明書。本基金自成立日起，即依據標的指數成分契約的權重建構本基金交易部位，基金投資組合成分價格波動會影響基金淨值表現，投資人於本基金掛牌上市前申購所買入的每單位淨資產價值，不等同於基金掛牌上市後之價格，於本基金掛牌上市前申購之投資人需自行承擔自申購日起自上市掛牌日止期間之基金價格波動所產生折/溢價的風險。本基金受益憑證上市後之買賣成交價格無升降幅度限制，並應依臺灣證券交易所有關規定辦理。本基金上市日前(不含當日)，經理公司不接受本基金受益權單位之買回。本基金資產將高度集中交易於標的指數成分之黃金期貨，故本基金淨資產價值會受到黃金期貨價格波動影響，如黃金期貨價格下跌將造成本基 金淨資產價值之損失，而本基金追求標的指數報酬之目標及操作，不因標的指數劇烈波動而改變。此外，本基金係以交易 黃金期貨為主，申購人應瞭解黃金期貨價格不等同於黃金現貨價格，兩者之間可能存在價格差異。本基金投資標的指數之指數成分為單一月份的美國紐約商業交易所黃金期貨契約，惟所選之黃金期貨契約，目前為全球最重要且成交量(值)與未平倉量(值)皆處龍頭地位，該期貨契約無論於存續性、參與廣泛性、活絡性、代表性等層面上皆屬良好的投資標的，雖此可降低單一標的商品之風險，但仍無法完全避免。本基金之標的指數為「S&P GSCI Gold Excess Return Index」(標普高盛黃金超額回報指數，簡稱標普高盛黃金ER指數)，指數名稱為指數提供者提 供並授權本基金使用，指數名稱中所列「超額回報」係指數提供者中譯「Excess Return」之文字，並非對標的指數或本基金績效表現有超額回報 或投資獲利之暗示或保證。標的指數報酬以反應指數成分黃金期貨契約表現為主，而本基金之績效表現亦視標的指數成分期貨契約之表現及本 基金追蹤標的指數之成效而定。故投資人投資本基金可能產生利益或發生損失。「標普高盛黃金超額回報指數」(S&P GSCI Gold Excess Return Index)（“指數”）是 S&P Dow Jones Indices LLC(“SPDJI”)的一款產品，且已授權予元大投信使用。Standard & Poor'sR 與 S&PR 均為 Standard & Poor's Financial Services LLC(“S&P”)的註冊商標；Dow JonesR是 Dow Jones Trademark Holdings LLC(“Dow Jones”)的註冊商標；這些商標已授權予 SPDJI 使用。S&PR、S&P GSCIR 和標普高盛黃金超額回報指數是S&P的商標，且已授權予 SPDJI 及其附屬公司使用，並已從屬授權予元大投 信用於特定用途。Goldman Sachs & Co.或其附屬公司並不擁有、擔保或批准標普高盛黃金超額回報指數或與其有關聯。SPDJI、Dow Jones、S&P 、其各自的附屬公司或其第三方許可人均不保薦、擔保、銷售或推廣元大投信的元大標普高盛黃金ER指數股票型期貨信託基金，而且他們中的任何一方概不就投資有關產品的合理性做出任何聲明。

本基金經金管會同意生效，惟不表示絕無風險。本公司以往之經理績效，不保證本基金之最低投資收益；本公司除盡善良管理人之注意 義務外，不負責本基金之盈虧，亦不保證最低之收益，投資人申購前應詳閱基金公開說明書。本文提及之經濟走勢預測不必然代表基金之績效，基金投資風險請詳閱基金公開說明書。有關基金應負擔之相關費用，已揭露於基金公開說明書中，投資人可向本公司及基金之銷售機構索取，或至公開資訊觀測站及本公司網站(http://www.yuantafunds.com)中查詢。基金非存款或保險，故無受存款保險、保險安定基金或其他相關保障機制之保障。大陸地區及新興市場證券之波動度與風險程度可能較高，且其政治與經濟情勢穩定度通常低於已開發國家，可能影響所投資地區之有價證券價格波動，而使資產價值受不同程度影響。基於大陸地區對境外機構投資者(QFII)投資額度管制或有影響基金操作之特定因素，經理公司保留婉拒或暫停受理本基金申購或買回申請之權利。有關本基金之特性(含適格投資人始得交易)、投資人應負擔之成本費用及相關投資風險等資訊，投資人申購前應詳閱基金公開說明書。

投資人應注意「元大滬深300傘型證券投資信託基金之滬深300單日正向2倍證券投資信託基金」及「元大滬深300傘型證券投資信託基金之滬深300單日反向1倍證券投資信託基金」(以下合稱該二基金)為策略交易型產品，其投資分別具有槓桿操作及反向操作風險，其投資盈虧深受市場波動與複利效果影響，與傳統指數股票型基金不同。

投資人應瞭解該二基金所追求之「滬深300日報酬正向兩倍指數」/「滬深300日報酬反向一倍指數」(以下合稱標的指數)報酬僅限於「單日」操作目的。該二基金需依基金資產及市場現況每日計算基金所需曝險額度及重新平衡投資組合，因此基金淨值將受到每日重新平衡後之投資組合價格波動之影響。標的指數係基於滬深300指數的每日收益表現所編製及計算，以反應滬深300指數單日正向2倍/單日反向1倍的報酬表現。受到計算累積報酬之複利效果影響，標的指數連續兩日以上及長期之累積報酬率會偏離同期間「滬深300指數」之累積報酬，且偏離方向無法預估，故該二基金不適合追求長期投資且不熟悉該二基金以追求單日報酬為投資目標之投資人，除專業機構投資人之外，限符合臺灣證券交易所訂適格條件之投資人始得交易。投資人交易前，應詳閱基金公開說明書並確定已充分瞭解本基金之風險及特性。

該二基金上市日前(不含當日)，經理公司不接受基金受益憑證受益權單位之買回。投資人於成立日(不含當日)前參與申購所買入的每受益權單位之發行價格(即新臺幣貳拾元)，不等同於基金掛牌上市之價格，參與申購投資人需自行承擔基金成立日起自掛牌日止期間之基金淨資產價格波動所產生折/溢價的風險。滬深300日報酬正向兩倍指數/滬深300日報酬反向一倍指數/滬深300指數(以下簡稱指數)由中證指數有限公司(以下簡稱「指數提供者」)編制和計算，其所有權歸屬指數提供者。指數提供者將採取一切必要措施以確保指數的準確性，但不對此作任何保證，亦不因指數的任何錯誤對任何人負責。指數提供者不對指數的實時性、完整性和準確性做出任何承諾，除非因指數提供者故意或重大過失而導致指數計算收盤數據的延遲、缺失、錯誤及其它故障導致指數不符合指數編制方案的要求，亦不對指數內容延遲、缺失、錯誤及其它故障所導致經理公司、本基金或本基金受益人之損失承擔責任。

本基金經金融監督管理委員會同意生效，惟不表示本基金絕無風險。基金經理公司以往之經理績效不保證本基金之最低投資收益；基金 經理公司除盡善良管理人之注意義務外，不負責本基金之盈虧，亦不保證最低之收益，投資人申購前應詳閱本基金公開說明書。本文提及之經濟走勢預測不必然代表基金之績效，基金投資風險請詳閱基金公開說明書。本基金投資國家包括新興市場國家，且政治與經濟情勢穩定度通常低於已開發國家，可能影響所投資地區之有價證券價格波動，而使資產價值受不同程度影響。本基金的配息可能由基金的收益或本金中支付。任何涉及由本金支出的部份，可能導致原始投資金額減損；本基金配息前未先扣除應負擔之相關費用。基金持股之現金股利配發時間及金額視各別企業而定，本基金每月底依帳列記錄計算可分配收益，因此月配息金額非固定，基金經理公司認為有必要(如市況變化足以對相關基金造成影響)時，可適時修正每月收益分配金額。近12個月內由本金支付之配息之相關資料，請詳元大投信公司網站 (http://www.yuantafunds.com/b1/b2_5.aspx)。有關基金應負擔之相關費用，已揭露於基金公開說明書中，投資人可向基金經理公司及基金之銷售機構索取，或至公開資訊觀測站及基金經理公司網站(http://www.yuantafunds.com)中查詢。為避免因受益人短線交易頻繁，造成基金管理及交易成本增加，進而損及基金長期持有之受益人權益，本基金不歡迎受益人進行短線交易。基金非存款或保險，故無受存款保險、保險安定基金或 其他相關保障機制之保障。

本期貨信託基金經金融監督管理委員會核准，惟不表示本基金絕無風險。本期貨信託事業以往之經理績效不保證本基金之最低投資收益 ；本期貨信託事業除盡善良管理人之注意義務外，不負責本基金之盈虧，亦不保證最低之收益，投資人申購前應詳閱基金公開說明書。基金非 存款或保險，故無受存款保險、保險安定基金或其他相關保障機制之保障。期貨信託基金從事之期貨交易具低保證金之財務槓桿特性，在可能產生極大利潤的同時也可能產生極大的損失，致基金受益權單位淨資產價值大幅增減，投資人投資基金前，應審慎考慮本身的財務能力及經濟狀況是否適合於這種投資，並詳讀本公開說明書。本基金自成立日起，即依據標的指數成分契約的權重建構本基金交易部位元，基金投資組合成分價格波動會影響基金淨值表現，投資人於本基金掛牌上市前申購所買入的每單位淨資產價值，不等同於基金掛牌上市後之價格，於本基金掛牌上市前申購之投資人需自行承擔自申購日起自上市掛牌日止期間之基金價格波動所產生折/溢價的風險。本基金受益憑證 上市後之買賣成交價格無升降幅度限制，並應依臺灣證券交易所有關規定辦理。本基金上市日前(不含當日)，經理公司不接受本基金受益權單位之買回。本基金資產將高度集中交易於標的指數成分之原油期貨，故本基金淨資產價值會受到原油期貨價格波動影響，如原油期貨價格下跌將造成本基金淨資產價值之損失，而本基金追求標的指數報酬之目標及操作，不因標的指數劇烈波動而改變。此外，本基金係以交易原油期貨為主，申購人應瞭解原油期貨價格不等同於原油現貨價格，兩者之間可能存在價格差異。本基金投資標的指數之指數成分為單一月份的美國紐約商業交易所(The New York Mercantile Exchange，NYMEX)原油期貨契約，惟所選之原油期貨契約，係依指數編製規則所挑選後之期貨契約，該期貨契約無論於存續性、參與廣泛性、活絡性、代表性等層面上皆屬相對良好的投資標的，雖此可降低單一標的商品之風險，但仍無法完全避免。本基金之標的指數為「S&P GSCI Crude Oil Enhanced Excess Return」(標普高盛原油增強超額回報指數，簡稱標普高盛原油ER指數)，指數名稱為指數提供者提供並授權本基金使用，指數名稱中所列「增強」係指數提供者中譯「Enhanced」之文字，由於輕原油期貨常出現正價差，若正價差過 高或延續期間過長，恐造成轉倉之高成本壓力，因此如何降低正價差期間之轉倉成本，即為本指數Enhanced之意涵，另外「超額回報」係指數提 供者中譯「Excess Return」之文字，並非對標的指數或本基金績效表現有超額回報或投資獲利之暗示或保證。標的指數報酬以反應指數成分原油期貨契約表現為主，而本基金之績效表現亦視標的指數成分期貨契約之表現及本基金追蹤標的指數之成效而定。故投資人投資本基金可能產生利益或發生損失。「標普高盛原油增強超額回報指數」(S&P GSCI Crude Oil Enhanced Excess Return)是 S&P Dow Jones Indices LLC(“SPDJI”)的一款產品，且已授權予元大投信使用。Standard & Poor’s® 與 S&P® 均為 Standard & Poor’s Financial Services LLC(“S&P”)的註冊商標；Dow Jones®是 Dow Jones Trademark Holdings LLC(“Dow Jones”)的註冊商標；這些商標已授權予 SPDJI 使用。S&P®、S&P GSCI® 和標普高盛原油增強超額回報指數是 S&P 的商標，且已授權予 SPDJI 及其附屬公司使用，並已從屬授權予元大投信用於特定用途。Goldman Sachs & Co.或其附屬公司並不擁有、擔保或批准標 普高盛原油增強超額回報指數或與其有關聯。SPDJI、Dow Jones、S&P、其各自的附屬公司或其第三方許可人均不保薦、擔保、銷售或推廣元大投信的元大標普高盛原油ER指數股票型期貨信託基金，而且他們中的任何一方概不就投資有關產品的合理性做出任何聲明。

本基金經金融監督管理委員會申報生效，惟不表示絕無風險。由於高收益債券之信用評等未達投資等級或未經信用評等，且對利率變動的敏感度甚高，故本基金可能會因利率上升、市場流動性下降，或債券發行機構違約不支付本金、利息或破產而蒙受虧損。本基金不適合無法承擔相關風險之投資人。本公司以往之經理績效，不保證本基金之最低投資收益；本公司除盡善良管理人之注意義務外，不負責本基金之盈虧，亦不保證最低之收益，投資人申購前應詳閱基金公開說明書。本基金適合能承受較高風險之非保守型投資人。由於本基金亦得投資於高收益債券，故投資人投資本基金不宜占其投資組合過高之比重。本基金主要投資風險包括資產過度集中風險、利率風險、匯率風險、流動性風險、債券交易之信用風險等。本基金或有因利率變動、匯率變動、各國貨幣匯率之升或貶而將影響本基金的淨值及利息，債券交易市場流動性不足及定期存單提前解約而影響基金淨值下跌之風險；同時或有受益人大量買回時，發生延遲給付買回價款之可能；而基金資產中之債券皆隱含其發行者無法償付本息之違約風險，本基金所投資標的發生上開風險時，本基金之淨資產價值可能因此產生波動。本 基金投資標的以新興市場債券為主，由於新興市場相較於已開發國家的有價證券有更高的價格波動及更低的流動性，故投資於新興市場須承受 更多的風險。當新興市場的國家政治、經濟情勢或法規變動，亦可能對本基金可投資市場及投資工具造成直接或間接的影響。另外，新興市場國家的外匯管制較成熟市場多，故匯率變動風險較大，雖然本基金可從事遠期外匯或換匯交易之操作，以降低外匯的匯兌風險，但不表示得以 完成規避。本文提及之經濟走勢預測不必然代表基金之績效，基金投資風險請詳閱基金公開說明書。基金配息率不代表基金報酬率，且過去配息率不代表未來配息率，基金淨值可能因市場因素而上下波動。本基金的配息可能由基金的收益或本金中支付。任何涉及由本金支出的部份，可能導致原始投資金額減損；本基金配息前未先扣除應負擔之相關費用。基金之收益分配由經理公司依基金每月底帳列記錄計算可分配收益，因此月配息金額非固定，基金經理公司認為有必要(如市況變化足以對相關基金造成影響)時，可適時修正每月收益分配金額。近12個月內由本金支付之配息之相關資料，請詳元大投信公司網站(http://www.yuantafunds.com)。

本基金經金融監督管理委員會同意生效，惟不表示本基金絕無風險。本證券投資信託事業以往之經理績效不保證本基金之最低投資收益；本證券投資信託事業除盡善良管理人之注意義務外，不負責本基金之盈虧，亦不保證最低之收益，投資人申購前應詳閱本基金公開說明書。本文提及之經濟走勢預測不必然代表基金之績效，基金投資風險請詳閱基金公開說明書。各子基金資產將主要投資於與標普500指數相關之有價證券及證券相關商品，投資人交易各子基金除需承擔匯率波動風險外，應特別注意美國與臺灣證券交易市場因時差關係故無重疊之交易時間，因此各子基金集中市場交易可能無法即時反應美股盤中標普500指數之價格波動風險。各子基金之操作目標均在追蹤與標普500指數相關之報酬，而標普500指數成分股票價格波動(包括但不限於受利多、利空或除息等因素影響)將影響各子基金標的指數的走勢，然各子基金追 求標的指數報酬之目標，不因標的指數劇烈波動而改變。有關各子基金應負擔之相關費用，已揭露於基金公開說明書中，投資人可向本公司及基金之銷售機構索取，或至公開資訊觀測站及本公司網站(http://www.yuantafunds.com)中查詢。基金非存款或保險，故無受存款保險、保險安定基金或其他相關保障機制之保障。有關各子基金之特性、投資人應負擔之成本費用及相關投資風險等資訊，投資人申購前應詳閱基金公開說明書。各子基金上市日前(不含當日)，經理公司不接受各子基金受益權單位數之買回。投資人於各子基金成立日(不含當日)前參與申購所買入的各子基金每受益權單位之發行價格(即新臺幣貳拾元)，不等同於各子基金掛牌上市之價格，參與申購投資人需自行承擔各子基金成立日起自掛牌日止期間之各子基金淨資產價格波動所產生折/溢價的風險。各子基金受益憑證上市後之買賣成交價格無升降幅度限制，並應依臺灣證券交易所有關規定辦理。

投資人應注意「元大標普500傘型證券投資信託基金之標普500單日正向2倍證券投資信託基金」及「元大標普500傘型證券投資信託基金之標普500單日反向1倍證券投資信託基金」(以下合稱該二基金) 所追蹤之「標普500 2倍槓桿指數」/「標普500反向指數」(以下合稱標的指數)報酬僅限於「單日」操作目的。該二基金需依基金資產及市場現況每日計算基金所需曝險額度及重新平衡投資組合，因此基金淨值將受到每日重 新平衡後之投資組合價格波動之影響。標的指數係基於標普500指數的每日收益表現所編製及計算，以反應「標普500指數」單日正向2倍/單日反向1倍的報酬表現。受到計算累積報酬之複利效果影響，標的指數連續兩日以上及長期之累積報酬率會偏離同期間「標普500指數」之累積報酬，且偏離方向無法預估，故該二基金之標的指數報酬所對應「標普500指數」正向2倍/反向1倍報酬僅限於單日，即該二基 金所追求之正向2倍/反向1倍報酬以標的指數單日報酬為限。該二基金為策略交易型產品，其投資分別具有槓桿操作及反向操作風險，其投資盈虧深受市場波動與複利效果影響，與傳統指數股票型基金不同。故該二基金不適合追求長期投資且不熟悉該二基金以追求單日報酬為投資目標之投資人，投資人交易前，應詳閱基金公開說明書並確定已充分瞭解該二基金之風險及特性。除專業機構投資人之外，限符合臺灣證券交易所訂適格條件之投資人始得交易。

本傘型基金之各子基金於上市日後將依臺灣證券交易所規定於臺灣證券交易時間內提供盤中估計淨值供投資人參考。各子基金淨值以新臺幣計價而基金主要投資標的為美國的美元計價有價證券或期貨，因此匯率波動會影響各子基金淨值之計算，而計算盤中估計淨值所使用的盤中即時匯率，因評價時點及資訊來源不同，與實際基金淨值計算之匯率或有差異，此外，臺灣證券交易時間與美國證券交易時間因時差關係無重疊之交易時間，故本基金之交易部位及淨值須於交易後次一營業日確認及計算，因此計算盤中估計淨值與實際基金淨值計算之基金投組或有差異，投資人應注意盤中估計淨值與實際淨值可能有誤差值之風險，經理公司於臺灣證券交易時間內提供的盤中估計淨值僅供投資人參考，實際淨值應以本公司最終公告之每日淨值為準。

標普500指數(S&P 500R Index)/標普500 2倍槓桿指數(S&P 500R PR 2X Leverage Carry-Free Daily Index)/標普500反向指數(S&P 500R PR Inverse Carry-Free Daily Index)是S&P Dow Jones Indices LLC（“SPDJI”）的產品，且已授權予元大投信使用。Standard & Poor'sR、S&PR與標普500(S&P 500R) 均為Standard & Poor's Financial Services LLC（“S&P”）的註冊商標；Dow JonesR 是Dow Jones

Trademark Holdings LLC(“Dow Jones”)的註冊商標；這些商標已授權予SPDJI，並已再授權予元大投信使用於特定用途。SPDJI、Dow Jones、S&P、其各自的附屬公司均不保薦、擔保、銷售或推廣元大 投信的元大標普500基金/元大標普500單日正向2倍基金/元大標普500單日反向1倍基金，而且他們中的任何一方概不對投資有關產品的合理性作出任何聲明，也不就指數的任何錯誤、遺漏或中斷承擔任何法律責任。本文提及之經濟走勢預測不必然代表基金之績效，基金投資風險請詳閱基金公開說明書。本基金適合追求固定收益之穩健型投資人，惟本基金仍得視情況投資高收益債券(目前總投資金額不得超過基金淨資產價值10%)，投資人投資本基金時不宜占其投資組合過高之比重。由於高收益債券之信用評等未達投資等級或未經信用評等，且對利率變動的敏感度甚高，本基金可能因利率上升、市場流動性下降或債券發行機構違約不支付利息、本金或破產而蒙受虧損，故本基金不適合無法承受相關風險之投資人。又本基金可投資於美國Rule 144A債券，該債券屬私募性質，故而發行人之財務狀況較不透明，較可能發生流動性不足，財務訊息揭露不完整或因價格不透明導致波動性較大之風險。本基金承作衍生自信用相關金融商品(即信用違約交換CDS 及CDX index與iTraxx Index)僅得為受信用保護的買方，固然可利用信用違約商品來避險，但無法完全規避違約造成無法還本的損失以及必須承擔屆時賣方無法履約的風險。本基金主要投資標的為國內外債券，主要投資風險包括利率風險、匯率風險、債券交易市場流動性不足之風險、投資無擔保公司債之風險及債券發行人違約之信用風險。本基金或有因利率變動、匯率變動、各國貨幣匯率之升或貶而將影響本基金的淨值及利息，債券交易市場流動性不足及定期存單提前解約而影響基金淨值下跌之風險；同時或有受益人大量買回時，發生延遲給付買回價款之可能；而基金資產中之債券皆隱含其發行者無法償付本息之違約風險，基金所投資標的發生上開風險時，本基金之淨資產價值可能因此產生波動。基金配息率不代表基金報酬率，且過去配息率不代表未來配息率，基金淨值可能因市場因素而上下波動。基金的配息可能由基金的收益或本金中支付。任何涉及由本金支出的部份，可能導致原始投資金額減損；於獲配息時，宜一併注意基金淨值之變動。本基金配息前未先扣除應負擔之相關費用。基金之收益分配由經理公司依基金每月底帳列記錄計算可分配收益，因此月配息金額非固定，基金經理公司認為有必要(如 市況變化足以對相關基金造成影響)時，可適時修正每月收益分配金額。近12個月內由本金支付之配息之相關資料，請詳元大投信網站 (http://www.yuantafunds.com)。本基金不接受具有美國聯邦所得稅(US federal income taxes)所指之美國人(U.S. person)身份或是為任何具前述身份 之人士申購，投資人申購前應配合本公司完成身份確認及開戶作業。如稅籍資料申報虛偽不實，可能遭受美國法律處罰；開戶人或受益人申購 本基金後，一旦其稅籍身份改變且成為美國公民或居民，必需於30天內通知經理公司。經理公司認為必要時得要求開戶人或受益人提出適當之 證明文件。

各子基金之操作目標均在追蹤與標的指數相關之報酬(元大日經225基金之標的指數為日經225指數；元大歐洲50基金之標的指數為歐洲STOXX50指數)，而標的指數成分股票價格波動(包括但不限於受利多、利空或除息等因素影響)將影響各子基金標的指數的走勢，然各子基金追求標的指數報酬之目標，不因標的指數劇烈波動而改變。各子基金資產將分別主要投資於與標的指數相關之有價證券及證券相關商品，投資人交易各子基金除需承擔匯率波動風險外，應特別注意因時差關係標的指數成分國家之證券市場交易時間與臺灣證券市場交易時間可能僅部份重疊或完全無重疊，因此各子基金集中市場交易可能無法完全即時反應標的指數之價格波動風險。各子基金成立初期擬進行匯率避險交易。各子基金成立日後至上市日前之基金建倉期，於資金匯出境外時，同時進行匯出部位之各外幣間或外幣與新臺幣間的匯率避險交易，且避險之價值將貼近但不超過匯出部位之價值。自上市日後，各子基金則另視資金匯出入情況、匯率市場現況等情事機動調整匯率避險交易及避險部位。各子基金上市日前(不含當日)，經理公司不接受各子基金受益權單位數之買回。投資人於各子基金成立日(不含當日)前參與申購所買入的各子基金每受益權單位之發行價格(即新臺幣貳拾元)，不等同於各子基金掛牌上市之價格，參與申購投資人需自行承擔各子基金成立日起自掛牌日止期間之各子基金淨資產價格波動所產生折/溢價的風險。各子基金受益憑證上市後之買賣成交價格無升降幅度限制，並應依臺灣證券交易所有關規定辦理。各子基金上市日後將依臺灣證券交易所規定於臺灣證券交易時間內提供盤中估計淨值供投資人參考。各子基金之淨值以新臺幣計價，而基金主 要投資標的為日幣或歐元等外幣計價有價證券或期貨，因此匯率波動會影響各子基金淨值之計算。而計算盤中估計淨值所使用的盤中即時匯率 與價格，因評價時點及資訊來源不同，與實際基金淨值計算之匯率及價格亦有差異。此外，由於元大歐洲50基金因臺灣證券交易時間與歐洲地區的證券交易時間因時差關係無重疊之交易時間，故元大歐洲50基金之交易部位及淨值須於交易後次一營業日確認及計算，因此計算盤中估計淨值與實際基金淨值計算之基金投組或有差異，投資人應注意各子基金盤中估計淨值與實際淨值可能有誤差值之風險，經理公司於臺灣證券交易時間內提供的盤中估計淨值僅供投資人參考，實際淨值應以本公司最終公告之每日淨值為準。「日經平均股價指數」（日經225，以下稱「本指數」）為日商日本經濟新聞社股份有限公司(以下稱「日經公司」)所研發並受著作權保護之商品。本指數包含著作權在內之智慧財產權，均由日經公司所保有。日經公司不負持續發布本指數之義務，且對本指數發布上之錯誤、延遲以及暫停，均不負責。元大已開發國家傘型證券投資信託基金之元大日經225證券投資信託基金(「元大日經225基金」)並未受有日經公司之保薦、推薦或促銷。日經公司對於元大日經225基金之管理與交易，不負任何義務或責任。EURO STOXX 50® PR in EUR (歐洲STOXX50指數)係位於瑞士蘇黎世市的STOXX Limited(“STOXX”）和/或其授權人（「授權人」）的智慧財產權（包括註冊的商標），其使用須經授權。以該指數為基礎的證券元大已開發國家傘型證券投資信託基金之元大歐洲50證券投資信託基金(「元大歐洲50基金」)並非由STOXX及其授權人資助、推廣、分銷或以其他方式支援，STOXX及其授權人對元大歐洲50基金或對EURO STOXX 50® PR in EUR或其資料的任何錯誤、遺漏或中斷不承擔任何責任。本基金得視市場情況投資高收益債券，投資人投資本基金時不宜占其投資組合過高之比重。由於高收益債券之信用評等未達投資等級或未經信用評等，且對利率變動的敏感度甚高，本基金可能因利率上升、市場流動性下降或債券發行機構違約不支付利息、本金或破產而蒙受虧損，故本基金不適合無法承受相關風險之投資人。又本基金可投資於美國Rule 144A債券，該債券屬私募性質，故而發行人之財務狀況較不透明，較可能發生流動性不足，財務訊息揭露不完整或因價格不透明導致波動性較大之風險。本基金投資標的以新興市場有價證券為主，由於新興市場相較於已開發國家的有價證券可能有更高的價格波動及更低的流動性，故投資於新興市場須承受更多的風險。當新興市場的國家政治、經濟情勢或法規變動，亦可能對本基金可投資市場及投資工具造成直接或間接的影響。另外，新興市場國家的外匯管制較成熟市場多，故匯率變動風險較大，雖然本基金可從事遠期外匯或換匯交易之操作，以降低外匯的匯兌風險，但不表示得以完成規避。

本基金之操作目標為在追蹤KOSPI 200指數相關之報酬，而KOSPI 200指數成分股票價格波動(包括但不限於受利多、利空或除息等因素影響)將影響本基金標的指數的走勢，然本基金追求標的指數報酬之目標，不因標的指數劇烈波動而改變。本基金自成立日起，即運用本基金資產進行投資組合佈局，本基金投資組合成分價格波動會影響本基金淨值表現。投資人於本基金成立日(不含當日)前參與申購所買入的本基金每受益權單位之發行價格(即新臺幣貳拾元)，不等同於本基金掛牌上市之價格，參與申購投資人需自行承擔本基金成立日起自掛牌日止期間之本基金淨資產價格波動所產生折/溢價的風險。本基金上市日前(不含當日)，經理公司不接受基金受益權單位數之買回。本基金受益憑證上市後之買賣成交價格無升降幅度限制，並應依臺灣證券交易所有關規定辦理。本基金為指數股票型基金，基金核准成立後將向臺灣證券交易所申請上市交易，本基金資產將分別主要投資於與標的指數相關之有價證券及證券相關商品，投資人交易本基金除需承擔匯率波動風險外，應特別注意因時差關係標的指數成分國家之證券市場交易時間與臺灣證券市場交易時間可能僅部份重疊，因此本基金集中市場交易可能無法完全即時反應標的指數之價格波動風險。

本基金上市日後將依臺灣證券交易所規定於臺灣證券交易時間內提供盤中估計淨值供投資人參考。本基金之淨值以新臺幣計價，而基金主要投資標的為韓圜等外幣計價有價證券或期貨，因此匯率波動會影響本基金淨值之計算。而計算盤中估計淨值所使用的盤中即時匯率與價格，因評價時點及資訊來源不同，與實際基金淨值計算之匯率及價格亦有差異。綜上所述，投資人應注意本基金盤中估計淨值與實際淨值可能有誤差值之風險，經理公司於臺灣證券交易時間內提供的盤中估計淨值僅供投資人參考，實際淨值應以本公司最終公告之每日淨值為準。

韓國交易所(Korea Exchange，亦即KRX)不保證所提供的KOSPI 200指數(下稱「KKOSPI 200」)及任何包含於其中之資料的準確性及/或完整性，且對於其中之錯誤、遺漏或中斷，均不負責。韓國交易所對元大韓國KOSPI 200證券投資信託基金之經理公司、購買者或任何使用KOSPI 200或指數資料的人或機構，皆不保證KOSPI 200及任何包含於其中之資料的準確性和/或完整性。韓國交易所對KOSPI 200及任何包含於其中之資料未作出明示或默示之保證，並明確拒絕對特定目的或用途的適銷性、適合性作出保證之聲明。在不限於前述原則或前提下，韓國交易所於任何情況均不對任何特殊的、懲罰性的、間接的或衍生的損害（包括利潤損失）承擔任何責任，即使已被告知該等損失或損害有發生的可能性。

本文宣所列各基金經金融監督管理委員會同意生效或核准，惟不表示各基金絕無風險。本公司以往之經理績效不保證各基金之最低投資收益；本公司除盡善良管理人之注意義務外，不負責各基金之盈虧，亦不保證最低之收益。本文提及之經濟走勢預測不必然代表各基金之績效，各基金投資風險請詳閱各基金公開說明書。有關各基金應負擔之相關費用，已揭露於各基金公開說明書中，投資人可向本公司及各基金銷售機構索取，或至本公司網站(http://www.yuantafunds.com)或公開資訊觀測站或期信基金資訊觀測站中查詢。基金非存款或保險，故無受存款保險、保險安定基金或其他相關保障機制之保障。投資人於各基金成立日(不含當日)前參與申購所買入的各基金每受益權單位之發行價格(即新臺幣貳拾元)，不等同於各基金掛牌上市之價格，參與申購投資人需自行承擔各基金成立日起自掛牌日止期間之基金淨資產價格波動所產生折/溢價的風險。各基金上市日前(不含當日)，經理公司不接受基金受益權單位數之買回。各基金受益憑證上市後之買賣成交價格無升降幅度限制，並應依臺灣證券交易所有關規定辦理。各基金於上市日後，本公司於臺灣證券交易時間內提供盤中估計淨值僅供投資人參考，估計淨值與實際淨值可能有誤差值風險，各基金實際淨值應以本公司最終公告之每日淨值為準。各基金之操作目標為追蹤各基金標的指數相關之報酬，而標的指數成分價格波動將影響各基金標的指數的走勢，然各基金追求標的指數報酬之目標，不因標的指數劇烈波動而改變。各基金雖以追蹤標的指數相關報酬為目標，惟可能因匯率、基金應負擔費用、期貨交易轉倉滑價、指數編製規則改變或指數計算錯誤等因素而使基金報酬與標的指數報酬產生追蹤偏離，且偏離方向無法預估。 元大標普油金傘型期貨信託基金之各子基金申購人應注意：

*除臺灣證券交易所另有規定者外，投資人首次委託買賣或申購、買回槓桿/反向指數股票型期貨信託基金受益憑證時，應符合適格性條件，並應簽具與證券交易所訂定內容相符之風險預告書。

*各子基金係以交易期貨為主，申購人應瞭解期貨價格不等同於現貨價格，兩者之間可能存在價格差異及期貨正逆價差等因素均影響各子基金報酬不等同所對應的商品現貨報酬。

*槓桿型或反向型期貨ETF係追蹤、模擬或複製指數之正向倍數或反向倍數表現，投資人應完全瞭解淨值與其指數間之正反向及倍數關係，且槓桿型或反向型期貨ETF僅以追蹤、模擬或複製每日指數報酬率正向倍數或反向倍數為目標，而非一段期間內指數正向倍數或反向倍數之累積報酬率，故不宜以長期持有槓桿型或反向型期貨ETF受益憑證之方式獲取累積報酬率。各子基金具有槓桿操作或反向操作風險，其投資盈虧深受市場波動與複利效果影響，與傳統指數股票型期貨信託基金不同，故不適合追求長期投資且不熟悉各子基金所訴求之正向倍數或反向倍數之報酬率，僅限於單日報酬之投資人。有關計算累積報酬複利效果之釋例說明請詳見本傘型基金說明書。投資人交易前，應詳閱基金公開說明書並確定已充分瞭解各子基金之風險及特性。

*各子基金之每單位淨資產價值可能因跨時區交易而無法揭露最新淨值，標的指數成分契約之價格、基金淨資產價值及證券交易市場之市場價格可能受期貨契約標的現貨之價格影響，而可能產生折、溢價之風險，且專業投資人通常較一般投資人容易取得期貨契約及期貨契約標的現貨之資訊及評價，投資人於現金申購、買回或於證券交易市場買賣前，應審慎評估價格之合理性，並詳閱基金公開說明書。

*標普高盛原油超額回報指數(S&P GSCI Crude Oil Excess Return) 與本公司已發行的「元大標普高盛原油ER指數股票型期貨信託基金」的標的指數-標普高盛原油增強超額回報指數(「S&P GSCI Crude Oil Enhanced Excess Return」)並非屬同一指數，依據指數編製規則，二個指數在同一時間所持有的原油期貨契約月份可能不同，故指數報酬亦可能不同，因此，「元大標普高盛原油ER指數股票型期貨信託基金」之基金報酬與「元大標普高盛原油ER單日正向2倍指數股票型期貨信託基金」及「元大標普高盛原油ER單日反向1倍指數股票型期貨信託基金」的基金報酬不必然存在單日正向2倍或單日反向1倍之關聯。

*本傘型基金公開說明書或銷售文宣中所列指數名稱為指數提供者提供並授權各子基金使用，指數名稱中所列「增強」、「超額回報」係指數提供者中譯「Enhanced」、「Excess Return」之文字，並非對指數或各子基金績效表現有超額回報或投資獲利之暗示或保證。投資人投資各子基金可能產生利益或損失。

指數免責聲明：(1)韓國交易所(Korea Exchange，亦即KRX)不保證所提供的KOSPI 200指數(下稱「KKOSPI 200」)及任何包含於其中之資料的準確性及/或完整性，且對於其中之錯誤、遺漏或中斷，均不負責。韓國交易所對元大韓國KOSPI 200證券投資信託基金(下稱「本基金」)之經理公司、購買者或任何使用KOSPI 200或指數資料的人或機構，皆不保證KOSPI 200及任何包含於其中之資料的準確性和/或完整性。韓國交易所對KOSPI 200及任何包含於其中之資料未作出明示或默示之保證，並明確拒絕對特定目的或用途的適銷性、適合性作出保證之聲明。在不限於前述原則或前提下，韓國交易所於任何情況均不對任何特殊的、懲罰性的、間接的或衍生的損害（包括利潤損失）承擔任何責任，即使已被告知該等損失或損害有發生的可能性。

(2)標普高盛原油日報酬正向兩倍ER指數(S&P GSCI Crude Oil 2x Leveraged Index ER)、標普高盛原油日報酬反向一倍ER指數(S&P GSCI Crude Oil 1x Inverse Index ER)及標普高盛黃金日報酬反向一倍ER指數(S&P GSCI Gold 1x Inverse Index ER)（以下統稱“指數”）是 S&P Dow Jones Indices LLC（“SPDJI”）的一款產品，且已授權予元大投信使用。Standard & Poor's® 與 S&P® 均為 Standard & Poor's Financial Services LLC（“S&P”）的註冊商標；Dow Jones® 是 Dow Jones Trademark Holdings LLC（“Dow Jones”）的註冊商標；GSCI® 是 The Goldman Sachs Group, Inc.（“高盛”）的註冊商標；這些商標已授權予 SPDJI 使用。高盛或其附屬公司並不制定、擁有、擔保、保薦、銷售或推廣該指數，且高盛不對該指數或其相關資料承擔任何責任。SPDJI、Dow Jones、S&P、高盛或其各自的任何附屬公司或其協力廠商許可人均不保薦、擔保、銷售或推廣元大投信的元大標普高盛原油ER單日正向2倍指數股票型期貨信託基金、元大標普高盛原油ER單日反向1倍指數股票型期貨信託基金及元大標普高盛黃金ER單日反向1倍指數股票型期貨信託基金。SPDJI、Dow Jones、S&P、高盛或其各自的任何附屬公司或其協力廠商許可人均不（i）對投資這類產品的明智性作出任何保證，或（ii）保證該指數或其任何相關資料的準確性和/或完整性。

本基金得視市場情況投資高收益債券，投資人投資本基金時不宜占其投資組合過高之比重。由於高收益債券之信用評等未達投資等級或未經信用評等，且對利率變動的敏感度甚高，本基金可能因利率上升、市場流動性下降或債券發行機構違約不支付利息、本金或破產而蒙受虧損，故本基金不適合無法承受相關風險之投資人。又本基金可投資於美國Rule 144A債券，該債券屬私募性質，故而發行人之財務狀況較不透明，較可能發生流動性不足，財務訊息揭露不完整或因價格不透明導致波動性較大之風險。本文提及之經濟走勢預測不必然代表基金之績效，基金投資風險請詳閱基金公開說明書。本基金得投資地區包括大陸地區，由於大陸地區之政經情勢或法規變動較已開發國家劇烈，可能對本基金投資標的造成直接或間接之影響。另中國大陸為外匯管制市場，可能影響本基金資金匯出入大陸地區之流動性，如遇受益人大量買回，可能因此延遲給付買回價款。就本基金直接投資於大陸地區部位，可能依大陸地區相關稅法規定調整基金撥備相關稅負之政策，基金淨值將於扣除基金實際及預撥之各項稅款(如有)後所計算得出。本公司得以合格境外機構投資者(QFII)資格及交易額度或在法令允許前提下透過中港股票市場交易互聯互通機構 (如滬港通)為本基金進行大陸地區A股交易，故大陸地區對QFII或中港股票市場交易互聯互通機制相關政策或法令規定如有任何改變或限制都可能對本基金於大陸市場投資造成影響。

有關基金應負擔之相關費用，已揭露於基金公開說明書中，投資人可向本公司及基金之銷售機構索取，或至公開資訊觀測站及本公司網站 (http://www.yuantafunds.com)中查詢。為避免因受益人短線交易頻繁，造成基金管理及交易成本增加，進而損及基金長期持有之受益人權益，本基金不歡迎受益人進行短線交易。基金非存款或保險，故無受存款保險、保險安定基金或其他相關保障機制之保障。104臺北市南京東路三段219號11樓 電話(02)2717-5555

國家圖書館出版品預行編目資料

基金革命 / 劉宗聖, 黃漢昌著 . -- 初版 . --
臺北市 : 商訊文化, 2016 . 12
面 ; 公分 . --（投資理財系列 ; YS00729）

ISBN：978 - 986 - 5812 - 56 - 0（平裝）

1. 基金　2. 投資

563.5　　105024807

基金革命

作　　者／劉宗聖、黃漢昌
出版總監／張慧玲
編製統籌／吳錦珠
封面設計／林水旺、黃祉菱
內頁設計／林水旺
校　　對／江思慧、唐正陽、翁雅蓁

出 版 者／商訊文化事業股份有限公司
董 事 長／李玉生
總 經 理／李振華
行銷副理／羅正業
地　　址／台北市萬華區艋舺大道303號5樓
發行專線／02-2308-7111#5722
傳　　真／02-2308-4608

總 經 銷／時報文化出版企業股份有限公司
地　　址／桃園縣龜山鄉萬壽路二段351號
電　　話／02-2306-6842
讀者服務專線／0800-231-705
時報悅讀網／http://www.readingtimes.com.tw
印　　刷／宗祐印刷有限公司
出版日期／2016年12月　初版一刷
定價：300元